Elogios para *Diferente Depois*
Michele Neff Hernan

"Michele Neff Hernandez é uma inspiração. Ela tem um dom verdadeiro para conectar as pessoas, dando-lhes esperança e amizade em um período de perda e solidão profunda. Eu tenho sido abençoada por testemunhar Michele ajudando centenas, se não milhares, de pessoas que ficaram recentemente viúvas a atravessarem a situação traumática da perda com profunda compaixão, amor e bondade, dando a tantos um espaço seguro para se curar e se conectar."

— Marian Fontana, autora de *A Widow's Walk*

"Michele não só está comprometida a prover esperança e cura a milhões de pessoas em luto, mas ainda tem a perspicácia comercial e a mente estratégica para garantir o sucesso de seu trabalho por décadas. Seu livro, *Diferente Depois de Você*, se enquadrará diretamente no mundo belo e forte que ela criou nesta última década e o levará para o nível seguinte."

— Christina Rasmussen, autora de *Where Did You Go?* e *Second Firsts*

"*Diferente Depois de Você* serve como uma bússola para pessoas viúvas e para as que experimentaram qualquer tipo de trauma, guiando-as em uma jornada até seu verdadeiro eu. Ao compartilhar suas experiências pessoais e profissionais de luto e trauma, Michele Neff Hernandez mapeia nosso caminho sinuoso em direção à autoaceitação e integração. Este é um livro de leitura obrigatória a todas as pessoas viúvas e qualquer um cuja vida foi alterada por um trauma."

— Amy Yasbeck, atriz e fundadora da John Ritter Foundation for Aortic Health

"O livro de Michele Neff Hernandez, *Diferente Depois de Você*, atinge algo que antes parecia impossível: tornar o luto menos solitário. Quando perdi meu parceiro Fernando Bengoechea no tsunami de 2004, e falei sobre ele no *The Oprah Winfrey Show*, muitos telespectadores, principalmente os jovens adultos, compartilharam que foi a primeira vez que testemunharam uma expressão de dor LGBTQIA+ — e também o amor LGBTQIA+ — nos meios de comunicação em massa. Depois de falar no Camp Widow no início de 2020 e agora ao ler o livro de Michele, lembro-me de como pode ser curativo e impactante compartilhar nossa dor e nossas experiências. *Diferente Depois de Você* aborda quase todas as questões sobre o processo de luto e a jornada individual de viver uma vida transformada."

— Nate Berkus, designer de interiores e autor de *The Things That Matter*

"Michele Neff Hernandez é uma fonte de luz e esperança. Uma visionária generosa e comovente, ela, consistentemente, transmite mensagens de inspiração e resiliência. Seu compromisso em transformar a vida das pessoas viúvas é um presente para o mundo."

— Tembi Locke, autor do best-seller do New York Times *From Scratch: A Memoir of Love, Sicily, and Finding Home*

"A perda nos muda de forma profunda e inesperada e lutamos contra a angústia. Mas, graças a Michele Neff Hernandez e seu livro inspirador e prático, há esperança. Compartilhando sua própria perda dolorosa, Michele nos conforta à medida que gentilmente nos orienta pelos destroços do luto em direção à reconstrução de uma vida que melhor se encaixa ao nosso novo eu – uma vida que é diferente, mas não menos significativa e gratificante. *Diferente Depois de Você* é um livro para ler e reler e se torna um presente útil e carinhoso para qualquer um que passe pela dor da perda."

— Margaret Brownley, autora do best-seller do New York Times *Grieving God's Way*

"Conheci Michele Neff Hernandez pouco depois da morte da minha esposa em 2008. Não há ninguém mais conectado, nem que tenha estabelecido mais conexões na vasta e diversa comunidade de pessoas viúvas do que Michele. Seu comprometimento em conectar pessoas pelo compartilhamento de experiências é firme, ela fez de sua missão de vida construir uma rede inclusiva para todas as pessoas viúvas. Às vezes, coisas ruins acontecem e você faz o melhor para aproveitar o máximo a bagunça que o mundo deixou no seu colo. Michele fez exatamente isso, e ajudou milhões de outras pessoas viúvas a fazer a mesma coisa. Ao longo dos anos, o sonho da Michele floresceu de maneiras que surpreendeu a todos, exceto ela."

— Matt Logelin, autor do best-seller do New York Times *Two Kisses for Maddy*

"Por mais de uma década, Michele Neff Hernandez tem sido uma líder na comunidade de pessoas viúvas. Seu trabalho incansável tem ajudado a transformar inúmeras vidas e impactá-las para melhor."

— Michelle Steinke-Baumgard, autora de *Healthy Healing* e cofundadora de Live the List Nonprofit

"Michele Neff Hernandez pegou a pior tragédia de sua vida e, em vez de deixar que isso a destruísse, virou sua dor para fora como uma luz, como um farol para viúvos que vagavam no mesmo nevoeiro. A *Soaring Spirits* salvou vidas, inclusive a minha, fornecendo recursos e uma comunidade que não julga, não fala mal e nem é condescendente com você. Não tenta consertá-lo ou torná-lo o mesmo que você era antes de sua perda, pelo contrário, respeita e pondera a mudança sísmica em sua vida e lhe dá as ferramentas para ajudá-lo a recomeçar."

– Leslie Gray Streeter, autora de *Black Widow*

"Michele Neff Hernandez tem uma habilidade extraordinária para inspirar nas pessoas uma crença prática, amorosa e compassiva em si mesmas, em suas próprias capacidades de curar-se pelo poder da comunidade, um preceito pelo qual ela vive todos os dias. Michele é uma agregadora natural de pessoas e se tornou uma super-heroína para milhares de pessoas enlutadas enquanto as orientava amorosamente pelas etapas do luto, caminhando ao lado e segurando suas mãos a cada passo do caminho."

– Abigail Carter, autora de *The Alchemy of Loss* e *Remember the Moon*

"A experiência da perda de um ente querido pode ser profunda, desoladora e devastadora. Michele Neff Hernandez se curou e cresceu por meio de sua dor para guiar tantos outros da dor à paz, do trauma ao triunfo."

– Lissa Coffey, autora de *Closure and the Law of Relationship*

"Por mais de uma década, a visionária Michele Neff Hernandez permaneceu graciosa e infalivelmente tão brilhante quanto o sol, lançando raios brilhantes de luz em milhões de pessoas viúvas que vivem nas sombras escuras do luto e do trauma. Com profundo conhecimento pessoal, paixão em criar uma mudança positiva e impulso dinâmico para liderar com compaixão, Michele fundou a Soaring Spirits International, a mais importante organização de assistência personalizada às pessoas viúvas do mundo. Sou eternamente grata à Michele Neff Hernandez por sua capacidade em ajudar os outros a restaurar, renovar e reconstruir suas vidas."

– Susan Hannifin-MacNab, MSW, PPSC, autora de *A to Z Healing Tollbox*

"Michele Neff Hernandez tem uma capacidade incrível em falar diretamente ao seu coração sobre o que significa vivenciar a perda. O que a torna especialmente singular é sua capacidade incomparável de oferecer esperança e apoio àqueles que estão de luto. Passe um tempo com a Michele e você mudará para sempre."

– Nancy Saltzman, PHD, autora de *Radical Survivor*

"Eu nunca esquecerei o alívio que senti ao me encontrar com Michele Neff Hernandez apenas seis meses após minha jornada de luto. Ela aceita todos onde estão e dá as boas-vindas em sua comunidade. Sua incrível capacidade de se conectar com as pessoas, seja quem elas forem e qual seja a sua história, fez eu me sentir em casa. Tem sido uma bênção e uma inspiração conhecê-la e aprender com ela."

– Harold S. Buchanan, presidente da Helping Other People Evolve, Inc. e coautor de *Seven Sisters and a Brother*

"Michelle Neff Hernandez é uma inovadora. Com a fundação da Soaring Spirits International, Michele já curou muitos corações e inspirou milhares de pessoas viúvas a conhecer, amar e celebrar as pessoas que são hoje."

– Dra. Gloria Horsley e Dra. Heidi Horsley, autoras de *Open to Hope* e fundadoras do Open to Hope

"Michele Neff Hernandez nasceu com braços longos para poder abraçar milhares de pessoas de uma vez com suas palavras de conforto, cuidado e preocupação. Ela tirou milhares de pessoas de uma enorme dor para o empoderamento pessoal por meio de seus programas elucidativos e toque gentil de pensamentos diários compartilhados em suas apresentações. Honestamente, ela é uma 'encantadora de pessoas viúvas', a qual fornece ferramentas para elas aprenderem, viverem e se amarem para se tornarem a melhor versão de si mesmas."

– Rachel Kodanaz, autora best-seller de *Living with Loss, One Day at a Time* e *Finding Peace, One Piece at a Time*

"Em sua escrita, sua organização, suas palavras e com seu companheirismo, Michele Neff Hernandez muda vidas. Que presente para aqueles de nós que perdemos nossos parceiros queridos."

– David Hallman, autor de *August Farewell*

"Michele Neff Hernandez não deixou que sua própria história de perda e luto a derrotasse. Em vez disso, ela a reverteu para ajudar os outros. Eu nunca tinha visto uma pessoa tão obstinada em sua missão. Ela é visionária. Ela é incansável. Tenho profunda admiração e respeito por essa mulher, que vive e respira para ajudar as pessoas viúvas a se curarem."

– Amy Florian, autora e fundadora da Corgenius

"Michelle Neff Hernandez se destaca na conexão com seu público, enquanto gentilmente o desafia a sair de sua zona de conforto. Ela acredita, fundamentalmente, em honrar a perda e ajudar as pessoas a encontrar significado e alegria no caminho. Ela nos desafia a expandir nossa visão, plantar sementes que cresçam com o tempo e nos permite encontrar nossa própria visão e cura."

— Jenny Woodall, especialista em luto na National Fallen Firefighters Foundation

"Michele Neff Hernandez tem um dom incrível de conectar, verdadeiramente, o coração e a alma com as milhares de pessoas viúvas que ela atende na Soaring Spirits International. Sua sabedoria e empatia conquistada com tanto esforço são um conforto para qualquer um que esteja passando pela dor excruciante após a perda de um parceiro de vida. Ela é uma heroína inspiradora, por meio de seu exemplo de viver sua melhor vida depois da perda, ela mostra que é possível crescer e prosperar na viuvez."

— Tanya Villanueva Tepper, viúva do 11/09 apresentada no documentário vencedor do Peabody Award, *Rebirth*

DIFERENTE DEPOIS DE
VOCÊ

DIFERENTE DEPOIS DE VOCÊ

Redescobrindo-se e Curando-se Após a Dor e o Trauma

Michele Neff Hernandez

PREFÁCIO DE Kristine Carlson

ALTA BOOKS
GRUPO EDITORIAL
Rio de Janeiro, 2023

Diferente Depois de Você

Dados Internacionais de Catalogação na Publicação (CIP) de acordo com ISBD

H557d   Hernandez, Michele Neff
        Diferente depois de você / Michele Neff Hernandez ; traduzido por Lívia Rodrigues. - Rio de Janeiro : Alta Books, 2023.
        224 p. ; 16cm x 23cm.

        Tradução de: Different After you
        Inclui Índice.
        ISBN: 978-85-508-1821-4

        1. Autoajuda. I. Rodrigues, Lívia. II. Título.

2022-3705   CDD 158.1
                                           CDU 159.947

Elaborado por Odilio Hilario Moreira Junior - CRB-8/9949

Índice para catálogo sistemático:
1. Autoajuda 158.1
2. Autoajuda 159.947

Produção Editorial
Editora Alta Books

Diretor Editorial
Anderson Vieira
anderson.vieira@altabooks.com.br

Editor
José Ruggeri
j.ruggeri@altabooks.com.br

Gerência Comercial
Claudio Lima
claudio@altabooks.com.br

Gerência Marketing
Andréa Guatiello
andrea@altabooks.com.br

Coordenação Comercial
Thiago Biaggi

Coordenação de Eventos
Viviane Paiva
comercial@altabooks.com.br

Coordenação ADM/Finc.
Solange Souza

Direitos Autorais
Raquel Porto
rights@altabooks.com.br

Assistente Editorial
Andreza Moraes

Produtores Editoriais
Illysabelle Trajano
Maria de Lourdes Borges
Paulo Gomes
Thiê Alves
Thales Silva

Equipe Comercial
Adenir Gomes
Ana Carolina Marinho
Ana Claudia Lima
Daiana Costa
Everson Sete
Kaique Luiz
Luana Santos
Maira Conceição
Natasha Sales

Equipe Editorial
Ana Clara Tambasco
Andreza Moraes
Arthur Candreva
Beatriz de Assis
Beatriz Frohe

Betânia Santos
Brenda Rodrigues
Erick Brandão
Elton Manhães
Fernanda Teixeira
Gabriela Paiva
Henrique Waldez
Karolayne Alves
Kelry Oliveira
Lorrahn Candido
Luana Maura
Marcelli Ferreira
Mariana Portugal
Matheus Mello
Milena Soares
Patricia Silvestre
Viviane Corrêa
Yasmin Sayonara

Marketing Editorial
Amanda Mucci
Guilherme Nunes
Livia Carvalho
Pedro Guimarães
Thiago Brito

Atuaram na edição desta obra:

Revisão Gramatical
André Cavanha
Catia Soderi

Tradução
Lívia Rodrigues

Copidesque
Caroline Suiter

Diagramação
Joyce Matos

Editora
afiliada à:  ASSOCIADO

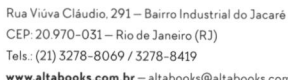

Rua Viúva Cláudio, 291 — Bairro Industrial do Jacaré
CEP: 20.970-031 — Rio de Janeiro (RJ)
Tels.: (21) 3278-8069 / 3278-8419
www.altabooks.com.br — altabooks@altabooks.com.br
Ouvidoria: ouvidoria@altabooks.com.br

Dedicado com gratidão a Dan Neff.

Eu te amo, papai.

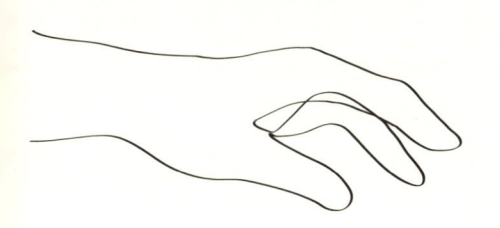

Sumário

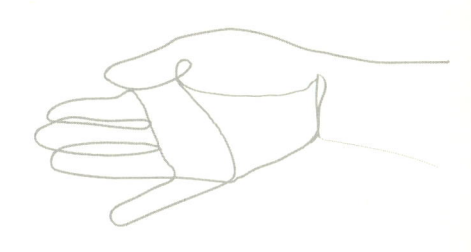

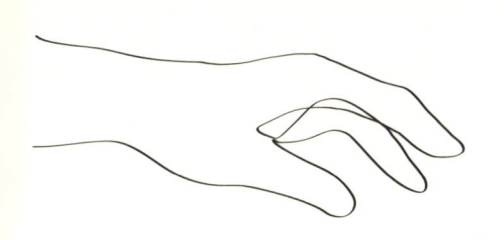

Agradecimentos

Diferente Depois de Você foi um trabalho de amor que levou quinze anos para ser finalizado. Ao longo de todos esses anos, tive a felicidade de receber apoio de diversos grupos de pessoas que formam minha grande família diversa, maravilhosa e global. Eles são amados por todas as minhas versões e tenho me moldado compartilhando minha vida com eles.

Sou muito grata pela minha família do *Diferente Depois de Você*. Este livro talvez ainda fosse um objetivo distante se não fosse a incrível Kristine Carlson, que me assegurou que seria possível redigir um livro com o compromisso de escrever somente uma hora por dia. Seu apoio e o do programa do Book Doulas transformou meu objetivo distante em realidade! Kris, obrigada por me inspirar, me desafiar e liderar o caminho com graça e generosidade. Debra Evans, acho que você é a outra metade do meu cérebro e do meu coração. Sua generosidade de espírito harmoniza com seu talento intuitivo e perspicaz, tendo sido um presente contínuo para mim. Obrigada por estruturar este trabalho tão amorosa e artisticamente. Vocês duas são uma dupla incrível.

À minha maravilhosa agente, Stephanie Tade, e à minha amiga Gretchen Van Nuys, minha gratidão por acreditarem no poder da integração e me acolher no grupo da Stephanie Tade Agency.

Obrigada à minha família da New World Library. Sou muito grata a Geórgia Hughes, Marc Allen, Jeff Campbell, Kristen Cashman, Monique Muhlenkamp, Munro Magrude e o resto da equipe, pelo apoio, encorajamento e competência ao levar este livro das notas em meu computador em manuscrito que pode ser entregue nas mãos e corações de meus leitores. Não posso imaginar uma editora melhor.

Minha família da Soaring Spirits me ajudou com este livro de tantas formas. Minha tribo de viúvos acreditou neste trabalho desde o começo. Compartilharam suas histórias comigo, confiaram muito em mim com seus corações e entes queridos, generosamente contaram as questões e os desafios que a viuvez trouxe para suas vidas. Este livro não seria possível sem vocês. Cada uma das pessoas viúvas que conheci está refletida nestas páginas. Vocês são incríveis e foi uma honra conhecê-los.

Stacey, obrigada por me fazer a pergunta com tanta confiança que levou ao desenvolvimento do processo que se tornaria o *Diferente Depois de Você*. Susan, obrigada por me presentear com a expressão perfeita de ressurgir das cinzas.

Meus agradecimentos sinceros a toda família de viúvos. Connie, Damaris, Karen, Shawna, Amy, Lisa, Michelle, Vera, Margaret Mari, Shelley, Linda, Belinda, Mickie, Suzanne, Linda, Lisa, Toni, Juanita, Paula, Diane, Trish, Kimberly e Joni: as experiências que compartilharam comigo tão generosamente são a base de tudo o que fiz desde o ano que passei a me conectar com vocês. Obrigada por mudar o mundo por meio da disposição em oferecer conforto a uma jovem viúva tentando encontrar seu caminho em um mundo desconhecido.

Aos amigos que se tornaram família. Michelle, você mudou minha vida (e de tantos outros!) com sua disposição em compartilhar o que é seu comigo. Obrigada por caminhar pelas etapas desta estrada ao meu lado e sempre me lembrar de cantar no bote salva-vidas. Kath, você me ajudou a estruturar meu coração, minha vida, este livro e minha compreensão do universo. Dana, ao acreditar em mim e apoiar todas as minhas loucas ideias, tornando muitas em realidade. Obrigada por acreditar em mim. Terry, seu entusiasmo e apoio foi um presente muitas vezes. Sou grata por ter caminhado nessa estrada com você. Equipe do Soaring Spirits, seu apoio e encorajamento significou muito para mim. Obrigada a todos por ficarem comigo nos momentos bons e ruins! À minha tribo dos cinquenta — Michelle, Lisa, Kim e Carrie: obrigada por serem o tipo de mulher que levantam uma a outra com apoio, risadas e memes! Gail e Ron... finalmente consegui! Obrigada por acreditarem em mim e me encorajarem a crescer, passo a passo. Ao meu grupo de amigos incríveis que ficou ao meu lado em todas as etapas descritas neste processo, jamais haverá palavras suficientes de gratidão. Finalmente, um grande obrigada para cada um dos meus amigos que são autores publicados e que compartilharam suas experiências, seu encorajamento, competência e até seus agentes comigo. Vocês são um exemplo inspirador e é uma honra me unir ao seu grupo.

À minha grande, barulhenta e maluca família Neff. A fundação da comunidade que construí foi fomentada por seus exemplos e amor. Vocês me apoiaram, secaram minhas lágrimas, celebraram minhas alegrias e encorajaram meus sonhos. Obrigada, mãe e pai, por tudo o que me ensinaram, principalmente sobre compaixão, gentileza e o valor do amor incondicional.

Michael, Denise, David, Danielle, Debi e Danny: obrigada por amarem e apoiarem cada versão de mim e por sempre me apoiarem. Vocês são os melhores presentes que mamãe e papai já me deram.

Dan, Dera, Jake e Dan: seu apoio e amor são mais valorizados do que imaginam.

Izaak, Andrew, Ethan, Eveline, Lira, David, Vincent, Abigail, Elijah, Miles e Wesley: Eu não poderia estar mais orgulhosa de vocês e mal posso esperar para ver como o mundo mudou com o brilho de vocês.

Os mais profundos agradecimentos e amor à minha pequena família Dare-Hernandez-Ibanez-Marry-Castro-Dias. Michael, obrigada por me amar tão generosamente, ser meu maior fã e ser sempre o lugar mais fofo para eu aterrissar. Caitlin, John e Josh, obrigada por expandirem minha mente, meu coração e minha compreensão do mundo. Tornar-me sua mãe mudou minha vida da melhor maneira possível. Joaquin, Sedona e Andrea, obrigada por expandir nossa família com esse amor tão lindo.

Obrigada à minha família australiana por acolher uma garota do outro lado do mundo em seu coração.

O último, mas jamais o menos importante, ao meu amor Phillip Hernandez. Lipe, em todas as versões de minha vida, eu ainda o amarei.

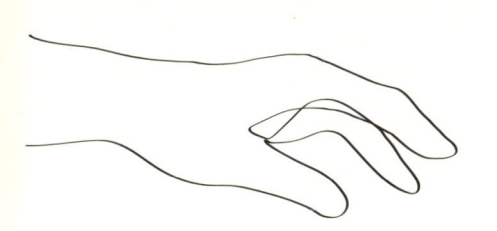

Sobre a Autora

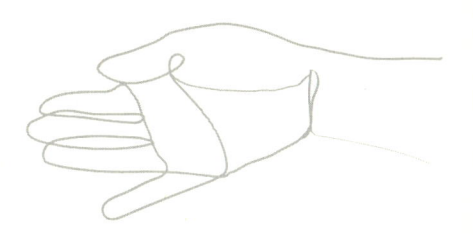

Michele Neff Hernandez ficou viúva aos 35 anos, quando seu marido Phillip morreu em um acidente de bicicleta em 2005. Ao se perceber lutando com emoções desconhecidas, ela se propôs a encontrar outras pessoas viúvas e perguntar uma série de cinquenta perguntas práticas. O que ela descobriu em um ano de entrevistas por todo os Estados Unidos fomentou a criação da Soaring Spirits International, uma organização inclusiva, laica, sem fins lucrativos, cuja missão é proporcionar resiliência e apoio à recuperação do luto para a população de viúvos.

Michele é especialista em conteúdos e palestrante nas áreas de resiliência, perda, adaptação aos desafios da vida, liderança sem fins lucrativos e questões femininas. Ela é a criadora e diretora do programa inovador Camp Widow. Michele trabalhou com famílias de bombeiros que faleceram no exercício do trabalho, esposas viúvas dos membros das unidades de Operações Especiais, esposas sobreviventes de pacientes com Covid-19 e pessoas viúvas de todas as áreas da vida. Ganhou inúmeros prêmios, locais e nacionais, por seu trabalho com a população em luto e foi nomeada CNN Hero de 2021.

Michelle é CEO da Soaring Spirits International e diretora executiva da Soaring Spirits do Canadá. Ela também atua como diretora da

Soaring Spirits Resilience Centre localizada em Kerrville, Texas, cuja missão é pesquisar a resiliência e criar ferramentas práticas para estruturá-la nos enlutados.

A experiência de luta de Michele expandiu seu coração e ampliou o amor que tem por seus maravilhosos filhos, por sua enorme e doida família, por sua incrível tribo de amigos e pelo seu bondoso marido australiano. Para entrar em contato com Michele, visite seu site (conteúdo em inglês) micheleneffhernandez.com.

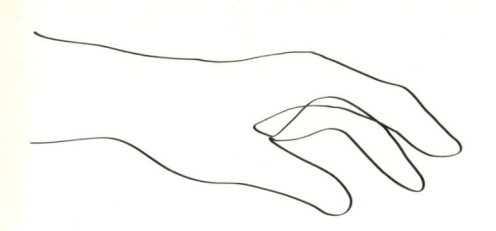

Prefácio

Eu soube pela primeira vez de Michele Neff Hernandez e sua organização Soaring Spirits em 2010, quando meu livro *Heartbroken Open* [sem tradução para o português] foi publicado. Na época, eu me sentia muito sozinha como jovem viúva e fiquei aliviada em saber que havia mais pessoas como eu por aí. Dez anos depois, Michele e eu nos conhecemos pessoalmente, quando ela me convidou para ser a palestrante principal no próximo Camp Widow.

Quando fiquei diante de 350 pessoas de luto, percebi que esse era um clube enorme, que quase todos nós nos tornávamos membros em épocas diferentes — ao sofrer a perda de um parceiro de vida. Se você se tornou membro desse clube pouco popular também, nós que o recebemos o fazemos com um entendimento profundo que vem da experiência. Sabemos como você está sofrendo durante esse período inimaginável de mudanças. É realmente um dos maiores turbilhões de dor que pode nos atingir como seres humanos, separados de nossos parceiros de vida, quando eles encontram suas asas e somos deixados para trás — para aprender como deixá-los partir, viver mais e amar de novo. Este não é um processo fácil.

Ou talvez o que o traz a este livro seja outro tipo de dor — outro tipo de mudança cataclísmica. Seu mundo se transformou de uma maneira que, provavelmente, você não estava preparado. Pode ser uma doença grave, um divórcio, um acidente, a morte de um amigo próximo ou o fim de algo que amava muito, como uma carreira ou um lar no qual morou por muito tempo. De forma inexorável, seu tapete foi puxado e você está a procura de um chão firme.

Houve um momento em que eu também tive o tapete puxado de debaixo de meus pés. Meu falecido marido, Dr. Richard Carlson, morreu repentinamente de embolia pulmonar, enquanto ia de avião para Nova York — tão distante da Califórnia, de mim e de nossas filhas, como se estivesse viajando para outro país. Um guru da felicidade para o mundo, meu amado desapareceu do nada. Eu morri com ele naquele dia quando minha vida se desfez e meu coração se destroçou de dor. Eu entrei para o clube naquele dia e permaneço membro dele desde então.

Ninguém consegue compreender o que se sente ao viver o luto, exceto aqueles que já trilharam esse caminho antes. Somente eles podem estender a mão e dizer-lhe: "Estou aqui, você não precisa caminhar sozinha. Eu a ajudarei a aprender como seguir em frente e entrar nessa vida nova em que você está diferente agora. Diferente porque você amou."

Michele é uma mulher que encontrou propósito e significado em sua perda. Ela é uma guerreira triunfante, que todos nós desejamos ser. Ela é uma heroína para muitas almas que se agarram a um fio de vida para serem puxadas das trincheiras da tristeza. É verdade que os espíritos voam — e somos deixados para trás para viver mais um pouco. Michele nos mostra como fazer o que a princípio parecia impossível.

Diferente Depois de Você é o livro que mostra como, e ele inspirará seus leitores de diversas formas. Michele salienta um dos sentimentos inegáveis que todos nós temos durante a perda ou algum outro tipo de mudança indesejada: desejar que nossas vidas voltem a ser o que eram *antes* — quando nosso ente querido estava vivo ou antes do evento traumático ocorrer. Nós sofremos e ficamos apegados à vida que tínhamos e prosseguir, de alguma forma, significa seguir em frente. Mas não é bem isso. Prosseguir significa *viver*.

Este livro emocionante o inspirará a viver, não negando seu passado, mas integrando seu passado com o presente à medida que vai avançando, criando seu futuro. Você encontrará conforto, conforme Michele compartilha sua própria jornada intensa pela perda. Você rirá e chorará ao ver sua própria história refletida na dela. *Diferente Depois de Você* reconhece sua perda e o ajudará a escolher seguir em frente com sua nova vida, à medida que cura a tristeza em seu coração.

Você é diferente, porque amou. Você amou as pessoas e os lugares, os muitos presentes que a vida lhe deu. Vale a pena amar muito, embora seja difícil se desapegar. Sim, é incrivelmente difícil desapegar, mas a vida fica melhor conforme você vai conseguindo fazer isso.

Este livro é um presente imensurável para todos os seus leitores, pois recebemos a bênção de Michele Neff Hernandez e seu profundo desejo e disposição de servir à humanidade. Ela nos mostra que nossos espíritos podem também voar nessa vida, já que nossos amores nunca estão verdadeiramente perdidos para nós.

Valorize os presentes da vida e do amor,
Kristine Carlson,
Coautora da série best-seller do *New York Times*,
Não Faça Tempestade em Copo D'água

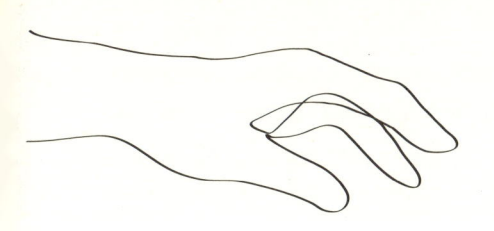

Introdução

O trauma me mudou. A pessoa que me tornei após o falecimento de meu marido, Phillip, em um acidente de bicicleta, não era familiar, suas necessidades eram estranhas e a maneira que o cérebro funcionava era insondável. A morte de Phillip me deixou de luto não apenas por ele, mas por mim também. Quando nossa vida é alterada por qualquer tipo de circunstância irreversível, acordamos no dia seguinte em um mundo novo e, geralmente, indesejado.

Se você sofreu danos emocionais devido ao luto ou trauma e acredita que isso o tornou uma versão menor de si mesmo, escrevi este livro para você. *Diferente Depois de Você* oferece conforto, compreensão e um caminho adiante para qualquer um que tenha mudado após uma experiência traumática e se vê lutando consigo mesmo para voltar a ser a pessoa que foi antes.

Nestas páginas, eu o encorajo a identificar, explorar e assumir o trauma que o mudou. Talvez esteja sofrendo pela morte de um ente querido ou pela vida que você tinha. Talvez tenha sobrevivido a um evento ou doença trágica e as consequências dessa experiência continuam reverberando de forma dolorosa. A experiência de cada pessoa é única, mas o que é comum a todas é o trabalho de redescoberta após a tragédia. A premissa deste livro é que esses tipos de eventos transformadores nos mudam, tornando impossível o retorno ao "eu" que existia antes de a tragédia entrar em nossas vidas. Em vez disso, quero ajudá-lo a aceitar e celebrar a sua versão, que passou por um evento de mudança de vida. Esse novo você é único e valioso. O propósito deste livro é ajudar você a reivindicar e assumir as mudanças que criaram essa pessoa.

Diferente Depois de Você oferece um caminho através do deserto da dúvida e da autoaversão, que quase sempre acompanha o luto e o trauma e o leva à aceitação e compreensão do eu nascido pela tragédia. Ao longo do livro, eu compartilho minhas experiências pessoais e profissionais para mostrar que você não está sozinho nessa tarefa. Eu vivi esse processo e pessoalmente abracei esses temas e métodos, também trabalhei com milhares de outras pessoas para ajudá-las a identificar seus novos "eus" após o luto e o trauma.

Após quase duas décadas de trabalho com a comunidade de pessoas viúvas, conheço muitos sobreviventes que perderam um parceiro e estão tentando encontrar o desejo e a inspiração para criar uma nova vida para si mesmos. Outros passaram pela experiência da morte de uma pessoa com a qual eles partilhavam um relacionamento importante, diferente — um filho, um irmão, um pai ou um amigo. Embora as circunstâncias sejam diferentes, todos lutam para reimaginar suas vidas sem a presença física da pessoa amada. Também conheci pessoas que sofreram doenças graves da mente e do corpo, bem como experiências traumáticas de todos os tipos — suas histórias, lutas e triunfos estão retratados nestas páginas. Esse processo de redescoberta foi elaborado para ajudar qualquer um, cujo coração tenha sido destroçado pela morte, trauma, doença ou tragédia a assumir a pessoa que está se tornando à medida que se cura.

Como Usar este Livro

O processo de luto e cura não é linear. Cada um de nós descobre e redescobre a si mesmo da sua maneira e no seu próprio ritmo. Tenha isso em mente ao ler este livro. Embora o tenha organizado em etapas — iniciando com o reconhecimento e o pesar do que aconteceu, e seguindo fazendo um inventário, explorando possibilidades, imaginando um novo futuro e, em seguida, reivindicando e assumindo o novo eu — pode não ser como você passará ou vivenciará o processo em sua vida. Todas as etapas do processo são importantes e funcionam em conjunto e o livro foi escrito de modo que cada etapa o prepare para a próxima. Mas veja cada etapa em seu ritmo e siga seu próprio caminho.

Diferente Depois de Você não precisa ser lido de uma só vez. Permita-se se aprofundar em cada seção até se sentir pronto para seguir para a próxima. Se sentir que um tema ou questões são desafiadores ou difíceis de aceitar, pondere sobre eles. Lutar com essas ideias é parte crucial do processo de descoberta, o qual foi elaborado para ajudá-lo a observar a influência do trauma em sua identidade e na noção de si mesmo de uma nova maneira. Antes de mudar para uma nova seção, verifique em si mesmo como o que leu se estabeleceu em você. Permita-se interromper a leitura quando quiser, principalmente se uma mensagem ressoar de modo profundo com sua experiência. Deixe as palavras se aprofundarem de forma lenta em sua mente, em seu coração, em sua alma.

Nos capítulos 1 e 2, apresento o conceito fundamental da integração. É uma ideia simples de que tudo o que vivemos — em nosso passado, presente e o que antecipamos do futuro — nos impacta, como nós nos vemos e que escolhas fazemos. Esse conceito mudou minha vida e fundamenta todo o processo. No entanto, eu o incentivo a refletir e incorporar essas lições da forma que falam com você e a personalizar o livro. Enquanto estiver lendo *Diferente Depois de Você*, escreva nas margens, dobre as páginas, espirre café na capa. Nada me deixará mais orgulhosa do que ver este livro se tornar um volume cheio de orelhas com muitas anotações nas margens. Então, de novo, ler o livro não será o suficiente. Para mudar sua vida, você deve estar disposto e pronto para fazer o esforço que cada etapa exige.

E por fim, *Diferente Depois de Você* oferece a oportunidade de aprender como celebrar uma nova versão de si mesmo e o incentiva a andar por aí com sua nova pele com orgulho.

Quando o ler, sugiro também que seja honesto consigo mesmo sobre estar ou não pronto emocionalmente para este processo. Se a experiência trágica de alguém ocorreu há pouco tempo, pode ser que ache muito cedo começar ou terminar o processo deste livro. Se a pessoa está apenas começando a caminhada pelas mudanças que uma tragédia causou, pode ser preciso dar atenção à sua dor e ao dano emocional. Essa é uma etapa normal da cura. Sempre pergunte a si mesmo se tem energia física, emocional e mental para explorar as ideias sobre reconstruir a sua noção de si mesmo. Seja paciente consigo mesmo, se a resposta for não. Se agora não for a hora para a redescoberta pessoal, coloque *Diferente Depois de Você* em uma prateleira em um lugar que possa vê-lo. Quando a hora chegar, ele estará lá lhe esperando.

Cerque-se de apoio

Outra coisa a ter em mente é que *Diferente Depois de Você* não tem a intenção de ser o único recurso para processar a dor e a cura de um trauma para construir uma nova vida. Utilize este livro em conjunto com outros recursos que ressoem com você para a recuperação de traumas e integração de suas experiências de mudança de vida. Para se redescobrir totalmente, procure toda forma de apoio possível, inclusive terapia individual, grupos de apoio, rede de amigos, *workshops*, livros, blogs, artigos, TED *talks*, clipes no YouTube... e qualquer outra coisa que o ajude a descobrir o seu novo eu, dia após dia.

Aprender a conhecer e amar a nós mesmos é uma experiência para a vida toda nas melhores circunstâncias. Quando o trauma faz parte da nossa história, a curva de aprendizado fica mais acentuada e é preciso ser flexível. Talvez tenhamos que revisitar muitas vezes certas etapas no processo de recuperação e novos desafios podem vir nos confrontar e apresentar alguns obstáculos que retardem ou interrompam nossos esforços. Espero que as ferramentas oferecidas nestas páginas o ajude a desenvolver habilidades e técnicas de enfrentamento que o auxiliarão para o resto da vida.

Diferente Depois de Você foi elaborado para ser um livro que possa retornar quando seu coração doer — uma fonte de segurança e compreensão quando os ventos da tristeza se agitam ou quando uma experiência passada lança uma sombra em seu futuro. O trabalho da redescoberta é confuso. Eu espero sinceramente que *Diferente Depois de Você* se torne um bom amigo e companheiro, enquanto caminha na estrada à sua frente.

Algo que sei com certeza é que há um grande potencial na sua nova versão. Eu garanto que *Diferente Depois de Você* o ajudará a celebrar qualquer versão sua que surgir de qualquer experiência que mude sua vida.

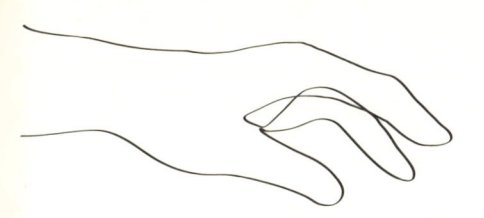

Capítulo 1

Começa Aqui

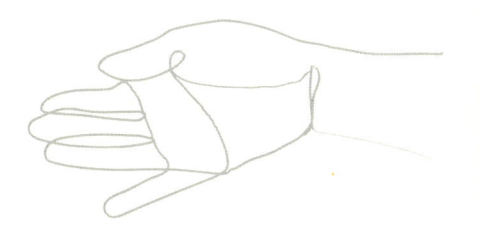

Pessoas que viveram uma experiência traumática são, quase sempre, encorajadas a se comportar como se o trauma que mudou suas vidas não tivesse acontecido. Fingir que nosso passado não é uma fase que influencia nossa vida é difícil e nocivo. Em vez disso, sempre que sofremos uma provação excruciante, nosso trabalho é tratar a experiência como parte de um todo.

Após a morte de meu marido Phil, eu me senti pressionada a, rapidamente, tirar meu foco do luto e me voltar para a vida. Fui discretamente incentivada por pessoas que testemunharam meu sofrimento a pular a parte triste e prosseguir criando uma nova vida feliz — mas não consegui. Quando meu marido perdeu a vida, eu também perdi a minha. Esse fato não podia ser ignorado ou desprezado. O luto era um trabalho que o meu novo eu tinha que fazer.

Imediatamente após uma experiência traumática, a triagem geralmente é o primeiro passo. Atribuir níveis de urgência para nossas necessidades e lidar com elas em ordem de importância requer energia centrada. Esse é o modo de crise, que pode ser devastador, uma vez que devemos tomar decisões e administrar nossas necessidades mais urgentes para superar a crise.

Os primeiros dias que tive que lidar com a morte de Phil incluíram experiências que eu desconhecia, como planejar o funeral e decidir como doar os órgãos do meu marido. Não havia tempo para pensar no que eu estava fazendo: as tarefas tinham que ser feitas imediatamente. As necessidades em que o tempo é crucial, associadas à gestão dos primeiros dias do trauma, podem ser angustiantes e intensas, mas a intensidade é quase sempre finita. Uma vez atendidas as demandas críticas do momento, começa o trabalho de conviver com nossa nova realidade.

Esse esforço é menos frenético, mas as feridas que temos que cuidar são profundas e sobrepostas. Experiências catastróficas, quase sempre, nos remetem às lembranças e ao anseio pela vida que vivíamos antes, mas isso não é mais possível. Nosso trabalho consiste em integrar as experiências transformadoras que tivemos enquanto construímos uma vida diferente que reconheça nossas feridas e dor. Esse processo pode não parecer natural no início. Quando Phil faleceu, eu não tinha interesse em desenvolver uma vida nova. Eu queria, desesperadamente, a antiga de volta. Passei muito tempo ansiosa para voltar à vida que estava fora do meu alcance. Esta é uma parte normal da cura.

Por exemplo, uma tarde, enquanto estava sentada na sala de espera do consultório do dentista, ouvi uma recepcionista falar para sua colega: "Phil deve estar aqui em poucos minutos para verificar o ar-condicionado".

Ao ouvir o nome *Phil*, meu coração acelerou e as palmas das minhas mãos começaram a suar. Meu Phil também era técnico de ar-condicionado e tinha começado, recentemente, seu próprio negócio. Fiquei em silêncio, chocada, enquanto lágrimas rolavam pelo meu rosto, as palavras da página da revista se embaçavam e eu repetia para mim mesma: *Phil está morto. Phil está morto. Phil está morto.*

Então ouvi vozes do lado de fora da sala. Fiquei tentando ouvir alguma palavra da conversa, e não conseguia mais ficar sentada ali quieta. Entrei rapidamente na outra sala e fui direto para um homem que não era o meu Phil.

Eu sabia que não podia ser ele, mas o desapontamento ainda era esmagador.

Quando estamos de luto por uma pessoa que amamos, uma sensação de incredulidade em relação à sua morte pode vir à tona repetidamente, mesmo se testemunharmos sua morte. Nossa mente e nosso coração sofrem por uma sensação de segurança e pelo retorno à vida, na qual a pessoa que amamos esteja viva. Não conseguimos parar de pensar que talvez elas estejam mesmo consertando o sistema de ar-condicionado no consultório do dentista ou dirigindo um carro apenas três veículos à nossa frente.

Esse anseio, às vezes, desesperado por um resultado diferente de nossa situação, em geral, nos leva ao passado, particularmente quando sofremos uma perda. Sabendo que voltar no tempo é impossível, temos que lutar contra nosso desejo de voltar ao passado. Sabemos que não podemos recriar ou reviver o tempo antes de a tragédia acontecer.

No entanto, nos concentrar principalmente em deixar para trás a dor do passado e seguir em direção a um futuro melhor pode amenizar nossa experiência — incluindo os valores que aprendemos, as estratégias de enfrentamento que nos ajudaram a sobreviver e a poderosa confiança que surge de termos vivido algo terrível.

Não importa qual tipo de trauma passamos, esse desejo de retornar, ou mesmo de recriar, uma época de segurança e certeza é comum. A ânsia por uma versão passada da vida pode ter várias formas. Algumas pessoas podem sonhar com uma vida na qual nunca conheceram a pessoa que as prejudicou. Elas podem imaginar que pegaram um caminho diferente para casa ou escolheram não entrar em um carro. Algumas podem imaginar uma vida na qual elas ou alguém que amam nunca contraíram uma doença que mudou suas vidas. Podem imaginar um final diferente para um ente amado que lutava contra um vício.

Por outro lado, algumas pessoas descobrem que são impelidas para longe do passado. Elas querem evitar "ser reprimidas" ou "ser travadas" pelos desafios que suportaram. Frequentemente, as pessoas aconselham essa postura em relação a eventos traumáticos. Elas tratam o passado como algo a ser superado e acreditam que revisitar a tragédia e os prejuízos darão a essas experiências dolorosas um poder indevido sobre o futuro. Elas tentam deixar qualquer dor "no retrovisor".

Tentar esquecer o que aconteceu pode ser terrivelmente tentador e até pode parecer, momentaneamente, possível. O problema é que ignorar o problema não remove o trauma. Podemos desejar muito fugir das partes dolorosas do passado e simplesmente acordar em uma nova vida, revigorada e livre de dores de cabeça. Mas precisamos compreender o passado para que nossas reações, medos e até pontos fortes façam sentido no presente. Precisamos ter acesso a cada parte da experiência vivida para nos conhecer verdadeiramente e para desenvolver as ferramentas e os recursos que nos ajudarão a lidar melhor no futuro. Sem compreender onde estivemos, não conseguimos compreender como chegamos no lugar que estamos hoje ou saber o que queremos para amanhã. Caso contrário, é como se estivéssemos vivendo em um mundo unidimensional. Concentrar-se apenas no momento presente pode proporcionar fuga momentânea de um passado doloroso ou de um futuro incerto, mas não proporcionará alívio duradouro. O mesmo é verdadeiro se tentarmos evitar um presente doloroso ao ter devaneios com um futuro distante ou lembrar, carinhosamente, de um passado mais feliz. O desejo de fugir da dor emocional é normal e até útil. No entanto, apesar do conforto efêmero que esse tipo de fuga proporciona, tudo está conectado. O passado afeta o presente, que influencia o futuro, e não podemos separar uma perspectiva temporal da outra.

Esse conceito de interconectividade do passado, presente e futuro é chamado de integração — a mistura de todas nossas experiências dentro de um único conjunto. Essa simples ideia proporciona uma percepção de mudança de vida que pode ser usada como ferramenta dinâmica de cura para aplacar nosso sofrimento e para ter uma vida significativa e plena. Com a minha experiência — de vida, de pesquisa e do meu trabalho com outras pessoas, particularmente relacionado à viuvez — descobri que a integração é a base sobre a qual a transformação acontece.

Em nossa vida diária, alternamos constantemente entre essas três perspectivas, de passado, presente e futuro, às vezes, em ritmo acelerado. Quando processamos o trauma, podemos facilitar a cura desenvolvendo a consciência de como as três perspectivas estão conectadas e a percepção sobre a influência que elas têm umas sobre as outras, em vez de ver cada uma individualmente. O conceito de integração nos encoraja a considerar as três como partes significativas de um todo e, ao equilibrar nossa atenção entre elas, podemos melhorar a noção do eu, dos relacionamentos e do futuro.

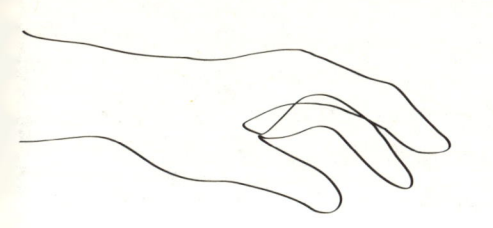

Capítulo 2

Banquinho de Três Pernas

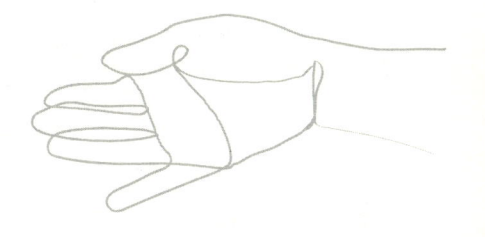

Em 2005, quando Phil faleceu, eu tinha 35 anos, três crianças com menos de 15 anos e três enteados com 17, 19 e 21 anos. Toda minha experiência era estranha e, embora soubesse que possivelmente não podia ser a única viúva no mundo, eu me sentia completamente só. Sem saber a quem recorrer para fazer perguntas sobre como administrar essa nova vida, procurei outras pessoas viúvas na esperança de que soubessem mais que eu. Finalmente, por meio de diversas conexões pessoais, tive uma boa e longa conversa com trinta pessoas viúvas que estavam dispostas a compartilhar suas histórias comigo. Ao longo das horas de entrevistas, conversamos, choramos, rimos e, com frequência, completávamos as sentenças umas das outras. O conhecimento que adquiri com esses desconhecidos, com os quais compartilhei minha experiência de viuvez, tornou possível sobreviver à morte de meu marido.

No primeiro ano após a morte de Phil, falar com outras pessoas viúvas me inspirou sentimentos de normalidade e esperança, de uma forma que nada mais fez. Após cada uma dessas conversas, saía com o desejo de, como qualquer um que vivesse mais que o parceiro, poder experimentar o alívio que se tem ao compartilhar sua angústia com alguém que se sente amargurada de maneira semelhante. Essas trinta conversas de afirmação da vida me inspiraram a criar um espaço para pessoas viúvas se conectarem, sentirem-se compreendidas e começarem a acreditar em um futuro positivo para si mesmas e para suas famílias. O desejo de conectar pessoas viúvas com outras, de pesquisar os impactos da viuvez e de desenvolver métodos para promover resiliência tornou-se minha missão, de maneira que, por fim, transformou minha tragédia pessoal em uma força para sempre.

Eu não conhecia nada sobre pesquisa, nem sobre trabalho sem fins lucrativos quando comecei. No entanto, em 2008, idealizei o retiro e *workshop* hoje chamado de Camp Widow, com o intuito de promover os mesmos tipos de conversa que eu estava tendo e ajudar outras pessoas viúvas a reconstruir suas vidas. Nesse mesmo ano, fundei a Soaring Spirits International, uma organização sem fins lucrativos, com a finalidade de fornecer recursos e programas que alcançariam ainda mais pessoas aflitas pela morte de um cônjuge ou um parceiro(a) (para saber mais, veja "Sobre a Soaring Spirits International", no final deste livro). Por meio desse alcance e experiência direta ajudando pessoas em todas as circunstâncias, descobri uma verdade duradoura: somos transformados pela sobrevivência de traumas significativos e, para nos adaptarmos às nossas vidas após o trauma, devemos percorrer novos caminhos, resolver novos problemas e desenvolver novas habilidades de enfrentamento.

Além disso, pelas nossas pesquisas na Soaring Spirits, descobrimos que um elemento fundamental para construir a resiliência após uma tragédia, principalmente a viuvez, é o conceito da integração, ou o reconhecer todas as nossas experiências e ver como o passado impacta o presente e como o presente transforma o futuro.

Vamos olhar isso mais de perto.

Para ver a integração funcionando, considere qualquer evento ou atividade diária — cortar a grama, por exemplo. Seja o que estivermos fazendo no presente, nossas decisões são influenciadas tanto pela nossa experiência do passado quanto por nossas expectativas ou planos para o futuro. Enquanto cortamos a grama, estamos, simultaneamente, lembrando o que fizemos no passado — por exemplo, como usamos um cortador de grama ou onde estão as pedras que devemos evitar e assim por diante — e considerando o futuro: talvez o quão satisfeitos nos sentimos em ver a grama cortada ou como podemos evitar de ter que cortar a grama de novo. Literalmente, toda experiência de vida é vivida dessa forma, incluindo os eventos traumáticos que causam mudanças fundamentais em nossa noção do eu.

Considerando algo mais sério, como um trauma físico. Se alguém cai e fratura o tornozelo, poderia imediatamente sentir dores, vivenciar inconveniências e alterações em suas funções diárias. Mas suas experiências passadas e expectativas para o futuro influenciariam a forma como ele lidaria com os desafios no presente, e isso impactaria na velocidade e em quão bem ele se curaria. Se, quando criança, a mãe desse alguém tivesse a mobilidade reduzida e por isso ela se tornou infeliz e emocionalmente indisponível, a ansiedade do indivíduo pode aumentar, pois sua experiência do passado lhe diz para ter expectativas de sofrimento, o que prejudicaria seus relacionamentos com pessoas que ama. Nossas experiências do passado vivem nas células de nossos corpos e elas influenciam e informam como processamos cada situação da vida.

Além disso, se essas expectativas deixam a recuperação de um tornozelo fraturado estressante e difícil para um indivíduo, ele poderá associar a lesão física ao trauma emocional, e pode abordar qualquer lesão no futuro com um nível maior de ansiedade. A experiência vivida hoje está se gravando em nossa memória e estruturando nossas expectativas em relação ao futuro. E mais: se a cura de uma fratura no tornozelo resultasse em um mês agradável de grandes programas de TV e em ser atendido por pessoas atenciosas, o indivíduo poderia abordar uma futura lesão física com menos nervosismo e uma longa lista de programas para assistir! Uma experiência positiva também afeta nossas expectativas do futuro.

O passado, o presente e o futuro estão irremediavelmente conectados. À medida que avançamos em nossa vida, esperamos a continuidade entre passado, presente e futuro para nos proporcionar um sistema de referências para decisões, sejam elas grandes ou pequenas, do nosso dia a dia. O acesso aos recursos e experiências do nosso passado estrutura as decisões que tomamos, a qualidade dos relacionamentos que temos e a maneira que processamos e nos adaptamos a todas as experiências de vida. Estamos constantemente processando o passado e criando o futuro enquanto vivemos no presente. Esse padrão cíclico estrutura e reestrutura nossas experiências de vida para fornecer a nossa mente e ao nosso coração informações que mudam sempre no mundo ao nosso redor.

Apesar da interconexão dessas perspectivas temporais, muitas pessoas ainda podem pensar nelas em separado e valorizar uma perspectiva mais que outra. Por exemplo, campanhas de marketing e propaganda, música e literatura e a cultura pop em geral, com frequência, difundem a mensagem que o passado é passado, e deve ser deixado para trás ou esquecido para construir um futuro positivo. O problema é que agir como se algo horrível não tivesse acontecido não muda a realidade do que aconteceu. Não podemos nos separar realmente de nós mesmos ou fugir das nossas experiências do passado. Tentar fazer isso apenas nos distancia de nós mesmos e das lições que temos que aprender, nos rouba o poder e a confiança que surgem ao sobrevivermos de algo terrível. Separar-nos do passado é um desserviço ao nosso bem-estar.

O mesmo acontece quando as pessoas dizem que devemos viver somente no presente. Essa ideia reflete os princípios do movimento *mindfulness*.[1] Tendo sobrevivido à morte do meu marido, tenho vivido com um profundo entendimento de que esse momento é a única coisa certa — essa vívida realidade influencia minha perspectiva todos os dias. É importante compreender a natureza finita da vida e do poder do agora. Mas percebi que há mais "agora" do que parece. Desde a morte de Phillip, não percebo mais o momento presente como um segmento de tempo, que existe como uma espécie de zona de proteção, uma espécie de bolha emocionalmente feliz. Eu sei muito bem que o presente é intrinsecamente ligado ao passado e ao futuro, não importa o quanto falemos sobre eles como ciclos separados.

Outra forma a qual as pessoas, às vezes, tentam separar essas perspectivas temporais é considerar o futuro como uma página em branco que podemos preencher da maneira que quisermos. Devemos sonhar grande e não permitir que o passado determine nosso futuro, e devemos construir esse futuro agora, urgentemente. Não temos tempo a perder. Essa visão unidimensional do futuro ignora o fato de que toda nossa experiência vivida está armazenada em nosso corpo, coração e mente. Em cada momento, o presente está, de forma constante, se tornando o passado, o qual continuamente orienta e estrutura o momento seguinte e o próximo. Não há como começar com uma folha em branco, temos que criar nosso futuro construindo a partir do que já existe.

Outra forma de visualizar o conceito de integração é como um banquinho de três pernas. Cada perna representa uma perspectiva temporal e cada uma é necessária para manter o banco equilibrado e estável. Remover uma perna, o desequilibrará e fará com que uma pessoa caia, a menos que ela compense o peso para se segurar. A adaptação a essa sensação de desequilíbrio e insegurança pode ser feita; de fato, os humanos em geral são adaptáveis. No entanto, é preciso trabalho, energia

---

[1] O *mindfullness*, ou atenção plena, é a habilidade de focar no presente, de maneira ativa, evitando distrações. Pode ser desenvolvida por meio de exercícios de concentração e respiração. [N. da R.]

e atenção constante para não cair, já que não é possível haver equilíbrio em um banco de duas pernas. Como um banco de três pernas, as três perspectivas temporais precisam ser mantidas em mente para que nos sintamos equilibrados e estáveis.

Essas ideias refletem a chamada "teoria da perspectiva temporal", que foi desenvolvida por uma equipe de pesquisadores pioneiros, Philip Zimbardo, Rosemary Sword e Richard Sword. Essencialmente, integrando e equilibrando nossas perspectivas temporais do passado, presente e futuro, podemos mudar as técnicas de enfrentamento negativas. Essa abordagem tem sido usada tanto em ambientes de evolução clínica quanto pessoal, tais como *workshops*, programas de treinamento e trabalho de *coach* de vida,[2] e tem ajudado as pessoas a melhorar sua autoestima e desenvolver estratégias de enfrentamento saudáveis para enfrentar os desafios da vida. Uma forma de terapia cognitivo-comportamental tem sido particularmente útil como um meio de processar e passar por experiências traumáticas de vida.

Quando concentramos nossa energia na integração das lições aprendidas no passado com o imediatismo de nossas experiências do presente, podemos usar o que aprendemos para traçar um futuro que reflita todo o nosso ser. Essa integração nos permite acessar um enorme banco de dados de informações acumuladas ao longo de nossa vida em vez de tentar segregar as perspectivas temporais umas das outras.

Em vez de eliminar nosso passado como uma forma de remover a dor que vivemos, integramos o passado com nosso presente para processar o trauma e depois usamos essa experiência como ferramenta no futuro.

Em vez de isolarmos o presente como o único momento que importa, pegamos as ferramentas desenvolvidas no passado e as usamos

---

2   *Coach* de vida ou *life coach* é um profissional que foca no bem-estar e auxilia pessoas a progredir e evoluir em suas vidas. Parte de seu trabalho envolve definir objetivos, identificar possíveis bloqueios e formular um plano de ação para superar as dificuldades. [N. da R.]

para lidar com as experiências atuais, que depois se desenvolvem em conhecimento e perspectiva para o futuro.

Em vez de sonhar com um futuro não impactado pelo passado, encontramos no presente formas de construir nosso futuro, usando as lições do passado para nos orientar. A integração nos permite mesclar o que foi com o que é e o que será, proporcionando a estabilidade necessária para promover a cura.

Dito isso, em momentos específicos, uma perspectiva temporal poderia se tornar dominante. Se o presente é doloroso e o futuro incerto, podemos naturalmente nos concentrar em recordar o passado como um refúgio seguro. Se nosso presente está muito agitado — porque temos crianças para educar, pais idosos para cuidar ou começar uma nova carreira — então nosso foco pode estar apenas no presente. Se estamos planejando um grande evento, organizando uma viagem desejada há tempos ou aguardando o nascimento de um novo membro da família, o futuro pode ocupar constantemente nossos pensamentos. Um foco temporário em uma perspectiva temporal singular é uma parte natural do fluxo e refluxo da vida.

O poder do conceito da integração reside em nossa habilidade em valorizarmos cada perspectiva temporal individualmente, ao mesmo tempo em que reconhecemos seu impacto um sobre o outro e sobre nosso senso de identidade. Ao desenvolver essa nova relação com o passado, presente e futuro, transformamos o conceito de integração em uma força arrebatadora de cura. Acessar essa fonte poderosa de cura é particularmente importante à medida que passamos por experiências difíceis de vida. Precisamos de uma pausa e um sistema de referências oferecido por todas as áreas de nossa vida para ter acesso às ferramentas únicas e individuais disponíveis para a cura e a renovação.

Mesmo quando estamos hiperfocados em um segmento específico de nossas vidas — passado, presente ou futuro — não há como fugir do fato de que cada perspectiva temporal influencia as outras.

Aprendemos com as experiências do passado que influenciam nosso presente e estruturam nosso futuro. Quando Phil faleceu, aprendi que eu poderia sobreviver à morte de uma pessoa essencial em minha vida. Embora a tenha desenvolvido de uma das piores maneiras, essa confiança é com o que conto todos os dias. Meu presente é vivido com o benefício da certeza que posso sobreviver a coisas difíceis. Meu futuro está sendo construído sobre uma base criada pelo conhecimento. Desenvolver minha própria técnica de integração promoveu a cura por meio da minha experiência de luto e me proporcionou ferramentas e recursos que utilizo para administrar meu dia a dia — e nas quais sei que posso confiar à medida que meu futuro se desenvolve.

Compreendi que todos podem se beneficiar com a prática diária da integração e que, para aqueles que sofrem com um trauma, a integração é, geralmente, a solução para processar uma experiência transformadora de vida. Minha esperança é que o trabalho deste livro o ajude a identificar as realidades, lições e influências únicas de seu passado, presente e futuro. Ao ver seu mundo por essa perspectiva holística, você desenvolverá a capacidade de integrar qualquer experiência transformadora em sua vida. Esperança, coragem e confiança são construídas quando acessamos todas as lições aprendidas com a sobrevivência ao trauma.

Essas habilidades agregam valor às nossas vidas diariamente. Mesmo se preferirmos ter aprendido essas lições de outra forma. Mesmo quando adquirimos essas habilidades por meio de eventos que nos causaram amargura. O fato permanece, se pudermos integrar as mudanças que as experiências dolorosas nos causaram e, como resultado, seremos mais alegres, mais resilientes e felizes.

Vamos começar juntos.

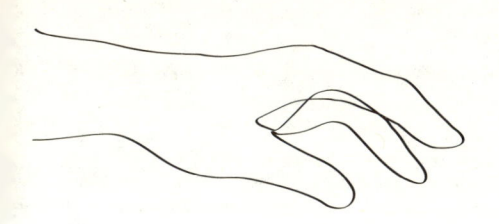

Reconhecimento

Você Mudou

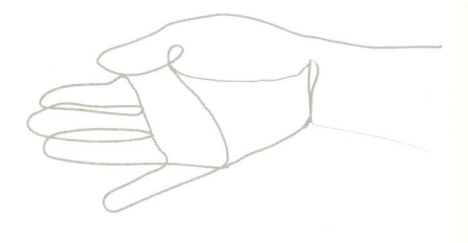

A morte de alguém ou de algo que amamos nos muda. Não há retorno à pessoa que éramos antes dessa experiência transformadora. Nunca mais seremos aquela versão novamente. Nenhum esforço, reflexão ou ginástica mental nos fará retornar ao nosso eu de antes da tragédia.

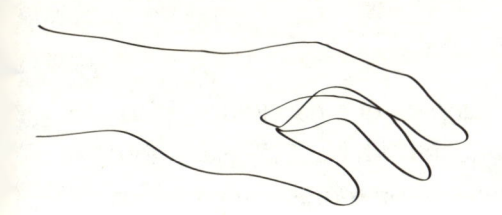

Capítulo 3

Como Era Antes

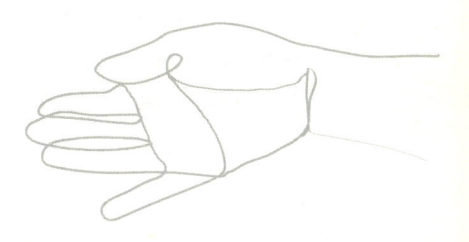

Phillip Hernandez e eu nos conhecemos na pista de corrida do ensino médio; ele era rápido e eu estava no caminho.

Minha filha, Caitlin, tinha oito anos quando finalmente achou que estava pronta para entrar na equipe de atletismo com a qual uma de suas amigas corria regularmente. Eu tinha aceitado ser assistente técnica da equipe de meninas mais jovens, que era chamada, carinhosamente, de Gremlin Girls. Phil estava treinando os meninos mais jovens que faziam parte do grupo mais antigo e mais rápido do atletismo.

O clube comunitário de atletismo para o qual eu e Phil nos voluntariamos era uma organização grande e bem administrada. Como uma das mais novas treinadoras, eu conhecia os outros voluntários do clube quando nossos caminhos se cruzavam, mas cada grupo era uma parte individualmente funcional da equipe maior. Uma tarde, enquanto eu estava correndo na pista com meu grupo de meninas com idades entre 5 e 8 anos, Phil passou correndo por mim na pista ao nosso lado. Ele parecia uma versão bem bronzeada de um deus grego, que estava sendo perseguido por um grupo de rapazes adolescentes de pernas

longas. Apressadamente, reuni as meninas para que não fossem piso-
teadas pela correria do grupo deles. Enquanto Phil corria, ele gritou:
"Esquerda!" Este era o sinal para deixar os corredores mais rápidos
passarem. Minha primeira impressão dele foi um borrão, um grito e a
clara sensação de que as crianças e eu tínhamos evitado um desastre
por um triz. Balançando a cabeça enquanto contavam as crianças para
ver se estavam todas ali, mentalmente o classifiquei como arrogante e
rapidamente esqueci de sua existência.

Ao longo daquela temporada de atletismo, nossos caminhos se cruzavam de vez em quando, mas passei a maior parte do meu tempo
garantindo que nenhuma de minhas meninas fosse atropelada por seus
meninos. Apesar da minha tendência a evitá-lo naquela primavera, Phil
parecia surgir a cada curva. Ele era, certamente, um *superstar* no atletismo. Popular entre os outros treinadores e nunca sem seu sorriso característico — era difícil Phil não ser notado.

Nesse mesmo ano, em dezembro de 1999, fui contratada para administrar uma academia de ginástica local. Em um esforço para me fami-
liarizar com nossas instalações, no meu primeiro mês me programei
para trabalhar em todos os turnos durante nosso horário de funcionamento. Chegando no trabalho às quatro da manhã, fiquei surpresa ao
ver Phil na área de musculação. Estava fora da temporada de atletismo
e não tive certeza se ele me reconheceria, mas, como uma colega de
treinamento, eu estava esperando uma conversa amistosa e fui até ele
dizer olá. Ele só conseguiu dizer umas dez palavras antes de me falar
que precisava prosseguir com seu treinamento. Um pouco insultada e
totalmente irritada, voltei ao meu escritório e me perguntei por que ele
era tão popular no atletismo.

Como eu dava aulas de *fitness* e era *personal trainer* na academia
além de minhas responsabilidades na administração, muitas vezes eu
começava e terminava meu dia com roupa de treino. Na véspera de
Ano Novo, não tinha aulas para dar nem clientes para receber, então

vesti minha roupa favorita para trabalhar e gostei de não ter que usar calça legging e rabo de cavalo para variar. Deixei as crianças na creche e estava me sentindo confiante e profissional indo ao meu escritório no fim do corredor. Virei no corredor e trombei, direta e literalmente, em Phil. Quando nos afastamos, eu o cumprimentei e perguntei como ele estava. Ele só ficou me olhando fixamente. Parado bem à minha frente, ele nem me cumprimentou. Confusa por seu comportamento rude, caminhei para meu escritório, balançando a cabeça mais uma vez para aquele homem que, de alguma forma, cativava as pessoas, apesar de seu comportamento regularmente rude.

Uma hora depois, o recepcionista veio me dizer que Phil Hernandez queria falar comigo ao telefone. "O que ele quer?", perguntei. "Ele só pediu para falar como você", respondeu. Rapidamente, puxei o cadastro de Phil no meu computador só para ter certeza de que não havia algum problema não resolvido com sua inscrição, então respirei fundo e atendi o telefone. Quase caí da cadeira quanto ele me perguntou se eu iria almoçar com ele algum dia. Chocada com seu súbito interesse, gaguejei um pouco quando lhe disse que não sabia quando estaria disponível. Ele me disse para ligar a qualquer hora, que combinaríamos alguma coisa. Desliguei o telefone sem a certeza se ligaria de volta para ele — mas ao recordar seu sorriso travesso, eu sabia que tinha ficado intrigada com seu convite.

Duas semanas mais tarde, depois de concordar em ir almoçar, lutei com minhas dúvidas enquanto andava pelo meu quarto tentando escolher o que vestir. Uma hora de ansiedade e uma pilha de roupas rejeitadas depois, fui encontrar com ele na porta para sairmos, já com a certeza que seríamos apenas amigos.

Ao subir em sua caminhonete imaculadamente limpa, lembrei com desgosto os biscoitos velhos que encontrei no meu carro enquanto o limpava naquela manhã. Aparentemente, não éramos feitos um para o outro.

Phil começou a dirigir e conversar, enquanto eu imaginava para onde estávamos indo. Depois de alguns minutos, ele me falou que pararíamos no shopping para almoçar, porque ele precisava comprar meias. Enquanto esperávamos por uma mesa, sentados em um banco do lado de fora do restaurante, tentei descobrir como me sentia em comprar meias com ele. Tão disposta a conversar quanto podia, perguntei se ele estava procurando um tipo especial de meia. Ele gargalhou e me disse que estava brincando sobre as meias.

Lá estava ele. O verdadeiro Phil finalmente surgiu. Seu sorriso e senso de humor eram contagiantes, e eu passei as horas seguintes rindo, me sentindo leve e feliz. Quando ele me deixou em casa depois de nosso encontro, eu não conseguia parar de sorrir.

Quando a temporada de atletismo de 2000 começou, Phil me pediu em casamento. Eu disse sim, apesar de termos saído em nosso primeiro encontro apenas há um mês. Meu eu cauteloso e sensato foi invadido pela certeza irracional, porém inegável, de que eu queria passar o resto da minha vida ao lado dele.

Durante a temporada inteira de atletismo, mantivemos nosso noivado em segredo — para evitar qualquer conselho bem-intencionado que pudéssemos receber de pessoas preocupadas com o fato de estarmos indo muito rápido. No final, surpreendemos a todos que conhecíamos com o anúncio de nosso casamento em junho de 2000. Nós nos casamos em uma trilha de caminhada cercados por um pequeno grupo de familiares e amigos atônitos. Como Phil nunca tinha se casado antes, eu queria surpreendê-lo usando um vestido de noiva e um véu para nossa cerimônia casual ao ar livre. O olhar em seu rosto quando me viu naquele dia ainda vive em meu coração. Ele brilhava de amor — e isso ofuscou as bocas escancaradas e olhares duvidosos de algumas pessoas ao nosso redor. A cada passo que eu dava no corredor de terra que me levava para o seu lado, crescia a certeza que sentia de que a vida estava prestes a ser realmente boa.

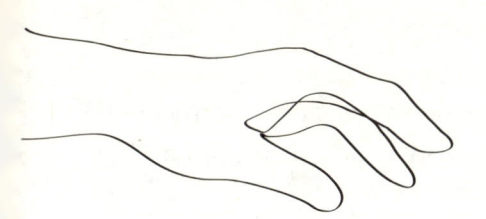

Capítulo 4

O Trauma que me Mudou

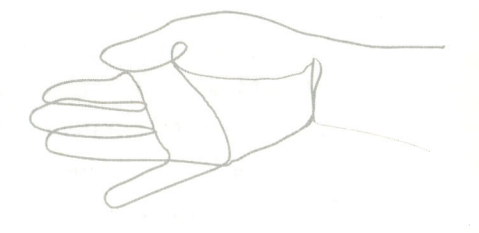

A maior parte de nosso casamento, eu e o Phil vivemos com um número variável de nossas crianças em uma rua tranquila situada em um bairro tranquilo. Nenhum carro que passava em nossa rua se dirigia a outro lugar que não a própria casa. Nosso acesso à garagem era amplo e com espaço suficiente para fazer uma quadra de basquete para manter nossa família de oito pessoas junta, misturada e entretida. A casa que compramos tinha uma garagem com uma cesta de basquete montada, nós adicionamos uma segunda cesta para fazer uma quadra. Uma das coisas que mais gostava de fazer era olhar pela nossa grande janela panorâmica e assistir as crianças jogarem basquete juntas, enquanto eu fazia o jantar.

A cozinha da casa, que eu e Phil dividíamos, era iluminada e aquecida pelo sol com as janelas voltadas para o lado norte, que davam para nossa ampla entrada e para o pátio revestido de tijolos. Nenhuma das janelas da cozinha tinha cortina ou veneziana quando mudamos para a casa. Desde que olhei para fora daquelas janelas, amei a vista constante do pátio da frente. Gostei tanto daquela ampla abertura que, em uma reforma que fizemos, decidimos deixar as janelas sem cobertura para capturar o máximo de luz solar possível e ficar com a vista do pátio da frente.

O amor pelo basquete foi uma das poucas coisas que nossos seis filhos concordavam. Juntar uma família é um negócio complicado. Eu e Phil viemos para nosso casamento com dois meninos e uma menina cada um. Os filhos dele tinham idade entre doze e dezesseis e os meus, entre seis e nove. Divorciei-me depois de um casamento de sete anos, no caso dele já tinham passado três anos do final de um casamento de longa data com a mãe de seus filhos. No início de nossas vidas sob o mesmo teto, a quadra de basquete era o único lugar onde a união pacífica de nossa família era possível. Passei muitas noites ouvindo os barulhos de Phil reunindo as tropas para um jogo, enquanto espiava pela janela para ver uma criança ou outra voando, com a intenção de conseguir enterrar a bola na cesta.

Com frequência, fazia parte dessas noites o som suave do abrir e fechar a porta de um quarto, seguido de uma batida forte da porta da frente. Essa sequência de sons indicava que qualquer criança que tivesse resistido a participar da atividade familiar agora tinha sido totalmente seduzida, pelas brincadeiras barulhentas que acompanhavam cada jogo, a se juntar à competição. Phil era como um imã. Se todas as crianças estavam em casa, a quadra de basquete, no final, ficava transbordando com meu marido, seis crianças e gargalhadas.

Criar os filhos é difícil. Criar enteados é um nível acima do difícil. Phil e eu lutávamos para compreender os filhos um do outro e também encontrar um meio-termo para os educarmos juntos. Seus filhos estavam aborrecidos por ter três crianças e uma madrasta entrando em sua família. Meus filhos queriam desesperadamente ser amados e aceitos por seus novos irmãos e o novo padrasto. Brigas, mal-entendidos, julgamentos e alguém ir bravo para cama, definitivamente, faziam parte de nossa experiência como família. Por causa dos momentos difíceis como pais, meus sonhos de criar uma unidade harmoniosa foram emoldurados por aquela grande janela panorâmica. A vista da janela da cozinha era repleta de camaradagem e possibilidades. Não sabia que a paz e esperança que fluíam pelas grades da janela seriam de curta duração.

Minha vista da cozinha foi virada de cabeça para baixo numa noite quente de agosto.

O primeiro dia de aula dos meus três filhos foi em 31 de agosto de 2005. Minha filha mais velha, Caitlin, estava começando a faculdade, e meu filho mais novo, Joshua, começava o ensino fundamental II acompanhado de seu irmão, John, que era o único dos três que retornava a um campus familiar. O filho mais velho de Phil começava a trabalhar com ele, e seus irmãos começariam a escola em dois lugares diferentes algumas semanas depois. Aquele outono foi atribulado para nossa família. Naquela quarta-feira foi um dia agradável do final do verão em que passamos planejando o aniversário de quarenta anos do Phil, que seria dali há dois meses. Durante o meu intervalo do almoço, eu aluguei o salão da festa, o pula-pula para adultos e contratei o fornecedor de margueritas — que não estava nem um pouco preocupado em unir um pula-pula com margueritas grátis.

Enquanto corria para o carro para buscar as crianças de seu primeiro dia na escola, Phil me ligou para dar um oi. Após conversarmos um pouco, e um pouco de desabafo da minha parte sobre uma situação difícil no trabalho, Phil me falou que ouvir minha voz era a melhor parte de seu dia. Eu ri e lhe falei que ele era a única pessoa que podia encontrar alegria em minha reclamação. Desliguei com um sorriso no rosto e me dirigi para o primeiro dia de dar carona na escola.

Após deixar vários outros alunos em suas casas, meus filhos e eu desfrutamos de nossa tradicional parada para tomar sorvete depois do primeiro dia de aula e depois fomos para casa. Eu ainda consigo me lembrar de todos entrando no quintal, todos falando ao mesmo tempo, enquanto Phil saía da garagem com sua *mountain bike* ao seu lado. Seu capacete estava na cabeça, mas não estava preso, seus tênis de ciclismo estalavam no concreto. Ele acenou para as crianças, que responderam virando para trás enquanto corriam para dentro de casa para largar as coisas da escola.

Phil e eu conversamos um pouco, então ele me deu um beijo rápido de despedida e saiu para encontrar seu amigo Dean para o costumeiro passeio de quarta-feira. Parece até que ouvi o clique da fivela enquanto ele descia a rua. A visão dele descendo em frente às casas dos nossos vizinhos com um aceno para um e um olá para outro vive em minha memória como um vídeo antigo. Eu não sabia que essa seria a última vez em que ele me beijaria, a última vez que ele sorriria por sobre os ombros ao sair com uma brincadeira e uma risada.

A pilha de formulários do primeiro dia de aula que precisavam ser assinados estava em cima da mesa da cozinha, o frango sendo refogado no fogão e eu dava uma olhada nas anotações dos alunos de *personal training* à noite. O identificador de chamada era novo e, quando o telefone tocou, o olhei distraidamente e percebi que a chamada era de um número de celular desconhecido. Eu quase não o atendi, mas a curiosidade me fez atender. Uma voz feminina me perguntou se eu era a Michele e, depois que confirmei, ela me falou que meu marido tinha sido atropelado por um carro. Ela ficou na linha tempo o suficiente para me dar a localização e me falar para chegar lá o mais rápido possível. Quando comecei a perguntar se ele estava bem, ela desligou.

Meus olhos foram atraídos para a janela da cozinha, enquanto eu ficava em pé por um momento ouvindo o tom de discagem, tentando compreender as palavras que flutuavam em minha cabeça. *Atropelado por um carro.* Uma visão da alegria do Phil, enquanto ele descia a rua a menos de uma hora veio a minha mente, e eu me apressei para agir. Comecei a pensar que se uma pessoa do local do acidente ligou para mim e não para a emergência, os ferimentos de Phil não deviam ser fatais. Em meu estado de choque, não me ocorreu a ideia de que ela teria ligado para mim e para a emergência. Eu não imaginava — enquanto falava para as crianças que Phil devia ter fraturado a perna, ligava para um amigo para cuidar das crianças, pegava a chave e corria para fora de casa — que a vista da janela da cozinha nunca mais seria a mesma.

O acidente aconteceu a cerca de 5 km de nossa casa. À medida que dirigia pelas ruas da cidade, tirava repetidamente o pé do acelerador para evitar correr nas colinas que eram povoadas por vários ciclistas. Toda vez que eu passava por um ciclista, meu desejo para chegar logo ao lado do meu marido aumentava. A mulher no telefone me falou onde encontrá-lo, mas, conforme eu dirigia, eu tremia e examinava a estrada, procurando algum sinal dele a cada curva.

Quando finalmente me aproximei do local do acidente, havia vários carros estacionados e uma porção de pessoas na estrada. Não vi Phil em lugar algum. O desespero começou a aumentar quando olhei para os rostos, perguntando a cada um com meus olhos: *onde está meu marido?* Uma voz familiar falou meu nome e olhei para o gramado, onde Dean estava inclinado sobre o corpo inconsciente de Phil. Corri para o seu lado. Quando ajoelhei perto dele fiquei aliviada em ver que ele estava respirando. Ele estava coberto de cortes e o punho parecia fraturado, mas à primeira vista todos os ferimentos pareciam ser curá-veis. Então, notei que Dean estava segurando um lenço ensopado de sangue da cabeça de Phil.

A visão de meu lindo marido deitado na grama está gravada per-manentemente em minha memória. Embora os arranhões da estrada e ferimentos abertos fossem graves, o olhar de dor em seu rosto me preocupou demais. Sua respiração estava fraca e ele estava deitado completamente imóvel. Ajoelhando-me ao lado dele, beijei sua cabeça e sussurrei palavras de amor em seu ouvido. Quando ele ouviu minha voz, ele virou a cabeça para o meu lado, confirmando que ele sabia que eu estava ali do seu lado, o amando e desejando que ele vivesse. Aquele momento, aquela pequena virada na cabeça, permanece como um presente inestimável.

Nossa troca silenciosa de amor foi rapidamente varrida pelo baru-lho das sirenes dos carros de emergência, pela eficiência meticulosa da equipe de paramédicos e pelo momento em que amarraram meu deus grego de pele bronzeada a uma prancha estéril. Sentei no chão com os joelhos pressionando o peito enquanto as equipes trabalhavam. Ele não se moveu nenhuma vez; faziam respiração artificial nele e um temor gélido me consumiu. Tentei me consolar com o pensamento que Phil era forte; eu sempre brincava com ele o chamando de meu Super-Homem. Teimosamente, esmaguei meu crescente sentimento de pavor, quando alguém me levou até a ambulância e me colocou no banco da frente.

À medida que voávamos para o hospital, a parte de trás da am-bulância estava estranhamente silenciosa. Sentada imóvel, eu quase conseguia ouvir as luzes e as sirenes gritando a palavra *emergência*. Quando a ambulância finalmente parou, a pequena porta que me se-parava de Phil foi aberta e me pediram firmemente que permanecesse sentada. Dando a volta para o meu lado da janela, o motorista da am-bulância me olhou nos olhos e disse: "Eu não sou muito bom nisso... eu sinto muito." O paramédico continuou falando, mas tudo o que eu compreendia era o fato de que seus lábios estavam se movendo.

O tumulto interno causado por suas palavras não rompeu minha fachada exterior de calma, nem minha certeza teimosa de que Phil iria ficar bem. Enquanto estávamos na entrada, perguntei se podia ir para o quarto do hospital com meu marido. Depois de repetir insistentemente que eu podia me controlar, enquanto eles trabalhavam para salvar meu marido, de maneira relutante, fui levada por uma gentil enfermeira pela entrada de funcionários para dentro do hospital.

Ao entrar na sala de emergência, imediatamente senti a tensão no ar. A enfermeira me conduziu a uma sala repleta de funcionários do hospital fazendo o que parecia ser uma dança. Cada pessoa sabia seu papel ao entrar e sair do caminho uns dos outros com facilidade; fiquei momentaneamente hipnotizada pela sincronia do que eles estavam fazendo. No centro da atividade, estava Phil, deitado em uma maca com suas roupas cortadas. Fiquei nos pés da maca sem poder negar que sua vida estava em perigo.

A pele de Phil estava cinza, seus olhos abertos estavam vazios, e nada do que faziam recebia uma resposta dele. O meu mundo caiu sem aviso e senti como se eu estivesse despencando, enquanto meu coração era arrancado do meu peito. Eu queria gritar: "Por favor, por favor, salvem a vida do meu marido!" Mas meu eu sensato ainda estava, de alguma forma, no controle e eu sabia que, se fizesse uma cena, seria forçada a deixar o Phil sozinho, assustado, na sala com estranhos dançando.

Trêmula, fiquei nos pés da maca com meu punho na boca, mordendo com força, enquanto lágrimas escorriam pelo meu rosto. O médico deu um choque no peito do Phil com pás elétricas e eu vi seu corpo se erguer da maca com uma mistura de esperança e medo. Cada choque que o Phil recebia reverberava no meu corpo como se estivesse acontecendo comigo. O desespero tomou conta de mim quando escutei a equipe médica eliminar as opções para salvá-lo. Enquanto eu estava ali olhando com horror e descrença, a vida dele estava terminando. Passaram-se minutos frenéticos, e então o senso de urgência na sala começou a se desvanecer em sentimento de resignação — a mudança era palpável.

Naquele momento, um dos meus melhores amigos chegou silenciosamente. Ron entrou no meu mundo transformado, justamente quando todos na sala interromperam suas atividades e ficaram em silêncio, enquanto observávamos os números no monitor de frequência cardíaca rapidamente caindo – 54, 23, 14, 8, e então, finalmente, zero.

Médicos e enfermeiras saíram da sala, oferecendo condolências silenciosas ao passarem por mim. Quando vi o pessoal da emergência sair, fiquei pensando que eles estavam cometendo um erro terrível — eu queria correr atrás deles e puxá-los de volta para o lado do meu marido. Olhando para Phil, minha última esperança foi estilhaçada;

deitado na maca estava apenas a casca do homem vibrante que tinha saído de nossa casa apenas uma hora antes. O silêncio na sala contrastava fortemente com os gritos de negação que rugiam no meu cérebro e despedaçava meu coração.

Com uma clareza surreal, eu vi o caminho que minha vida seguiria. Como fotos em um *slide*, minha imaginação mostrava várias maneiras nas quais minha vida seria alterada para sempre sem Phil como meu parceiro e amigo. "Não, não, não, eu não quero isso!" Eu gritava para Ron repetidamente. "Eu não quero fazer isso. Ele está bem aqui!" não sei quantas vezes eu gemi aquelas palavras, mas o horror de viver sem Phil eliminou todos os outros pensamentos.

Quando meus gritos diminuíram, Ron gentilmente me lembrou que devíamos fazer algumas ligações. O pobre homem percebeu que precisaria de ajuda.

Ron saiu para começar o processo e fiquei a sós com Phil pela primeira vez. Deitei minha cabeça em seu peito e chorei. Embora sua pele estivesse fria e sua suavidade natural tivesse desaparecido, ele parecia muito tranquilo. Fiquei impressionada que sua aparência física fosse tão rápida e obviamente alterada pela ausência de seu espírito intenso. As únicas partes do corpo que eu podia ver que não parecia ter mudado para mim eram seus tornozelos, então fui para a beira da maca e os segurei. Naquele momento, enquanto meu mundo estava girando sem controle, fiquei ancorada na sensação familiar das minhas mãos em sua pele. Externamente, a sala de emergência parecia estar da mesma forma que estava quando entrei trinta minutos antes. No entanto, eu sabia que, assim que eu me afastasse do meu lugar na beira da maca, a imagem do meu mundo mudaria radicalmente. Assim, eu fiquei sentada ali, onde meu mundo ainda era um lugar que eu conhecia, segurando os tornozelos do meu marido.

As atividades da morte começaram imediatamente. Havia prazos a serem cumpridos e tarefas a serem concluídas. As horas seguintes passaram em um turbilhão de horror e descrença. Os filhos de Phil estavam na casa da mãe naquela noite. Depois de dar a horrível notícia por telefone, dois deles quiseram vê-lo. Fiquei sentada me sentindo entorpecida esperando eles chegarem, sabendo que haveria mais tristeza no caminho. Eu ainda tinha que dizer às crianças que Phil não tinha apenas fraturado alguns ossos. Ninguém devia ter que dizer aos filhos que seu pai estava morto. Os gritos dos nossos filhos me assombrarão até o dia da minha morte. Só o que pude fazer foi abraçá-los, um por um, e tentar convencer a todos nós de que viveríamos o que parecia ser um pesadelo. Ficamos cercados pela família e amigos mais amorosos, sem os quais eu não sei como teríamos sobrevivido e, mesmo assim, todos nós sabíamos que nada jamais seria igual.

Ao acordar com o alarme diário de Phil na manhã seguinte, eu estava repleta de pavor ao pensar no número de dias que ainda me restavam para viver sem ele. Uma versão distorcida da frase "O primeiro dia do resto de minha vida" me veio à mente, enquanto eu permanecia deitada, consumida pelo conceito incompreensível de que Phil havia morrido em um acidente — uma ideia tão surreal que quase pude me convencer de que era só um sonho. Meu corpo tremia, quando contemplei o mundo subitamente vazio que me aguardava. Um espectro imaginário estava parado na porta do meu quarto naquela manhã, segurando um casaco pesado e escuro. Ao sair do quarto para enfrentar o dia, deixando para trás a mulher casada que eu tinha sido no dia anterior, vesti o manto da viuvez. Não havia para onde correr; não havia outras opções a não ser, ser uma viúva.

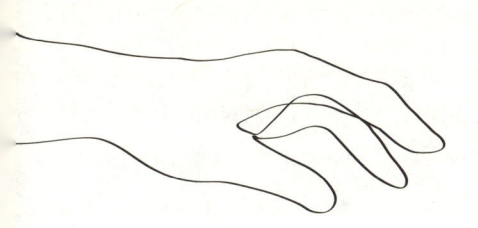

Capítulo 5

Não Dá Para Esquecer o que Já se Sabe

No meu primeiro dia como viúva, a minha história e a de Phil como marido e mulher terminou e a minha história de sobrevivência à morte dele começou.

Meu casamento com Phil foi um dos maiores presentes da minha vida, mas se me perguntassem, antes de sua morte, se minha identidade era dependente do meu estado civil, eu teria rido dessa ideia. Eu e Phil tínhamos nossas carreiras que amávamos e estávamos construindo nossos próprios negócios de forma independente. Nós desafiávamos e apoiávamos um ao outro, mas também respeitávamos o fato de que cada um estava fazendo um trabalho separado e diferente no mundo. Nossa parceria foi construída não só pela admiração e respeito mútuos, mas também por confiança e crença recíprocas que nos permitiu sonhar nossos próprios sonhos.

Após meu divórcio, eu trabalhei muito para me manter confiante e com minha independência financeira. Na época em que Phil e eu ficamos juntos, para qualquer problema que tínhamos encontrávamos duas soluções, a minha e a dele. Às vezes, eu não falava para ele sobre um problema até eu ter resolvido. Meu lado independente era forte e foi duramente conquistado. Levou tempo para eu aprender a me comprometer, minha independência teimosa causou vários desentendimentos, mas, no final, Phil valorizava minha força e o fato de poder confiar em mim. Não que eu já tivesse imaginado a vida como viúva, mas a última coisa que eu esperaria perder era meu senso de identidade.

Adivinha o que voou pela janela depois da morte do Phil? Isso mesmo, meu senso de identidade.

Um dia após a morte de meu marido, tudo o que eu conhecia de mim mesma foi repentina e terrivelmente questionado. De forma lenta e consistente, minha identidade começou a se desvendar, uma situação que achava chocante e confusa, quando não estava chorando ou esquecendo onde tinha colocado as chaves de casa.

O termo *trauma emocional* — também conhecido como *mente em luto* ou *trauma de viuvez* — é usado para descrever a total diminuição da acuidade mental, que, geralmente, acompanha o luto pela morte de um ente querido ou a elaboração de qualquer tipo de evento traumático significativo. Essa rede de segurança criada pelo nosso cérebro nos protege do impacto da angústia severa e surge sempre que passamos por uma situação traumática. Reduzir nosso processamento mental e assim limitar a quantidade de informações que somos capazes de absorver é a maneira do corpo de nos proteger da sobrecarga mental. Nossa capacidade de recordar, calcular, processar pensamentos complexos, dormir, ler e de nos comunicar pode ser afetada negativamente pelo transtorno emocional criado pelo trauma.

Após a morte de Phil, fiquei apavorada que meu cérebro não funcionasse mais direito. E eu estava certa — mas não do jeito que imaginei. Meu cérebro estava me protegendo da sobrecarga criando uma névoa que praticamente não me permitia funcionar. Se você enlutou recentemente e está vivenciando esse baixo nível de acuidade mental, sentindo-se meio apático ou letárgico, saiba que a névoa densa se dissipa. Esse mecanismo de segurança é normal. Sim, normal. Esse fechamento parcial do cérebro facilita a cura e proporciona alívio. Fique tranquilo, ainda que lentamente, o funcionamento retorna.

Quando isso acontece, somos confrontados com uma verdade que altera a percepção: não dá para esquecer o que já se sabe. A razão pela qual o trauma traz mudanças em nós é, fundamentalmente, porque essas experiências nos expõem a novos entendimentos sobre nós mesmos e o mundo, em geral, relacionados a coisas que preferimos não saber. Isso altera a maneira como pensamos e, com frequência, a maneira como vivemos.

Antes da morte de Phil, eu não sabia nada sobre o planejamento de um funeral. Quando alguém no hospital perguntou: "Qual funerária gostaria que nós entrássemos em contato? Eu apenas olhei fixamente para o nada e me perguntei por que estavam preocupados com isso e se havia uma casa funerária em Simi Valley. Antes de Phil morrer, minha vida não incluía as palavras trauma por ação contundente e, embora eu tenha feito treinamento em reanimação cardiopulmonar (RCP) várias vezes, a única vez que vi usarem a RCP foi em um programa de televisão. No mundo que eu conhecia, meus entes queridos estavam a salvo de danos, e o som da sirene de uma ambulância era um ruído de fundo no meu trajeto diário.

Ficar ao lado do meu marido quando sua vida expirou fez com que algumas verdades universais ficassem bem claras. As pessoas morrem e os que nós amamos não estão imunes a isso. Parece simples, não é? É claro que as pessoas morrem. A diferença é que, de repente, eu compreendi que as *minhas* pessoas podem morrer em uma quarta-feira aleatória. As pessoas que amo e que sinto que não consigo viver sem elas. Antes da morte de Phil, eu acreditava, verdadeiramente, que não havia problema que não poderia ser resolvido com cooperação e determinação. No meu universo, se trabalhássemos muito e ficássemos focados, tudo poderia ser conquistado.

O dia que percebi que não havia trabalho árduo que pudesse mudar o fato de que marido estava morto permanece como uma das lembranças mais claras dessa época. Eu tinha acabado de levar as crianças para a escola e estava sentada no escritório em casa que compartilhava com Phil, tentando organizar a papelada do trabalho dele. Ver sua caligrafia no calendário e nos documentos de planejamento do trabalho me faziam chorar, e eu tive uma conversa dura comigo mesma sobre a necessidade de fazer algo útil.

Enxugando minhas lágrimas e retornando o olhar para a pilha de mensagens a responder e decisões a tomar, pensei no trabalho intenso que eu e Phil tínhamos realizado para estabelecer as bases de seu negócio de ar-condicionado e aquecimento. Ele tinha programado fazer o teste para tirar sua licença de empreiteiro três semanas depois do dia em que ele faleceu. Phil não era bom em provas e estava supernervoso com o exame. Nós dois passamos muitas noites o preparando para a prova, eu fazia perguntas utilizando cartões, que ele respondia com seriedade ou inventava respostas ridículas que me faziam rir muito, enquanto eu o repreendia para parar de brincar.

Segurando os agora inúteis cartões em minha mão, pensando sobre nossas muitas conversas sobre negócios e sessões de estudo, percebi que não haveria sucesso na conclusão desse projeto. A empresa não seria construída e nosso sonho não seria realizado. Nenhum esforço ou foco traria Phil de volta para a minha vida.

A realidade de que nem dedicação, nem determinação mudaria meu destino me apavorava. Uma atitude tenaz era meu método ideal para melhorar minha vida e dessa vez nada ia mudar o curso dela, o qual não tinha escolhido e não queria. Essa foi a primeira coisa que compreendi dessa mudança irrevogável em mim mesma. Não ser capaz de me esforçar para sair dessa situação me deixou insegura e com medo.

Esse medo desconhecido diário me causou um nível crescente de insegurança, que levou à insônia, ansiedade em baixa dose que me acompanhava em todo lugar que eu ia e, às vezes, crise de pânico. Eu odiava estar ansiosa. Odiava a maneira que o medo me fazia sentir. Odiava estar insegura. Odiava ficar acordada todas as noites, pensando se eu tinha trancado a porta. Odiava ver meus filhos saírem de casa e sentir um medo gelado se prender em minhas entranhas, enquanto fazia o que podia para não me agarrar a eles enquanto enumerava uma lista de avisos sobre como ficar seguro durante o dia. Comecei a me odiar.

Não importava o quanto eu tentasse, eu não conseguia esquecer o que eu já sabia. Não conseguia acreditar nem mesmo fingir que minha vida não poderia mudar por outro trauma no dia seguinte. Não há para onde correr, nem onde se esconder. Essa é a parte que muda a vida, saber que se o que aconteceu comigo foi possível, então algo pior, muito mais difícil ou algo da mesma forma pode acontecer. Eu sabia, que não importava quanta dor eu sentisse, que havia uma boa chance de eu ter que passar por algo ruim de novo.

Tire um momento agora para analisar o que você viveu. O que aconteceu? Diga o trauma que mudou você. Essas experiências que mudam a vida deixam pegadas em nosso coração e mudam nossas perspectivas. O que você sabe agora que não sabia um dia antes de a tragédia acontecer? De quais maneiras essa nova compreensão mudou sua forma de pensar, de sentir e de ver o mundo?

Naqueles primeiros dias, enquanto eu lutava por não ser capaz e empregar minhas estratégias regulares de resolução de problemas, o que me ocorreu foi a realidade de que muito do que eu costumava acreditar, ingênua, mas firmemente, não era mais verdade. Meu novo eu compreendia que as pessoas morrem, porque eu tinha visto meu marido morrer. Eu sabia que essa experiência nunca mais me deixaria. Meu eu influenciado pelo trauma percebeu que as coisas nem sempre funcionam e que nossos piores medos podem se tornar nossa realidade diária. Esse conhecimento agora era pessoal, e sabê-lo mudou a maneira como eu vivia no mundo. De repente, os riscos associados à vida pareciam enormes, e novos medos surgiram em cada esquina. Minha incapacidade de lidar com a vida cotidiana, as manifestações físicas da minha nova consciência (a ansiedade, o pânico e assim por diante) e as mudanças em minha atitude positiva encabeçaram a lista das maneiras de como meu eu pós-trauma se sentia inferior à mulher que eu era na véspera da morte de Phil.

Na verdade, eu não era inferior, mas eu me sentia como uma versão menor de mim mesma à medida que eu lutava para lidar com os diversos sintomas causados pelo trauma que vivi. Em vez de reconhecer o impacto que minha experiência teve em todas as áreas da minha vida, comecei a acreditar que eu estava, irrevogavelmente, danificada. Se você se sente da mesma forma, você precisa de gentileza e de uma pausa no autojulgamento. O seu padrão de comportamento anterior precisa ser colocado de lado para abrir espaço para a cura. Ouça esse conselho literalmente: tire uma folga agora mesmo e se dê quanto tempo for necessário antes de continuar.

Então, quando estiver pronto, continue lendo. Para se curar, temos que sentir primeiro.

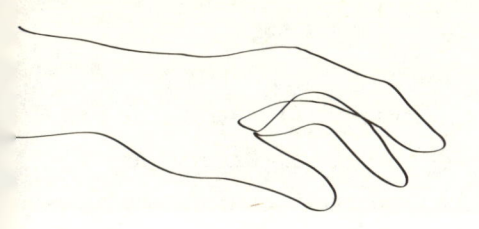

Capítulo 6

A Síndrome do Vaso Quebrado

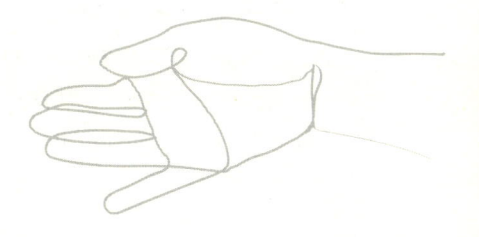

Por que você deve aprender a amar a sua nova versão sensível ao trauma — o seu eu que foi remodelado por algum tipo de perda? Por que não procurar retornar à pessoa que você era antes de um evento ou experiência trágica que subverteu seu mundo?

Porque você foi mudado por uma experiência que o levou a pegar este livro.

Intuitivamente, nós sabemos que isso é verdade, sempre que ocorre uma tragédia, mesmo quando resistimos a esse entendimento. A jornada de sobreviver ao trauma — por muitas camadas do corpo, mente, coração e alma — pede a cada um de nós que faça uma caminhada de fé em terras desconhecidas. Este capítulo é dedicado a uma visualização, que sugiro que faça enquanto o lê. Ele se concentra na metáfora de um vaso quebrado, que é uma expressão poderosa de por que uma experiência traumática torna impossível retornar à versão anterior de nós mesmos.

Imagine um vaso, colorido, feito de vidro frágil. O vaso é plano nos dois lados e tem cerca de 60 cm de altura. A borda do vaso tem uma inclinação clara e graciosa que parece um sorriso. Padrões coloridos em vermelho, laranja, dourado, verde e toques de azul rodopiando e ondulando dentro do vidro suave. Os visitantes elogiam a ousadia das cores e a incrível forma que cada tonalidade se destaca, ao mesmo tempo que, harmoniosamente, forma a complexidade única dessa obra de arte.

Esse vaso é uma herança de família que tem sido transmitida de geração em geração. Ele simboliza a história de sua família e, de alguma forma, sempre fica com a pessoa mais capaz de entender a mistura de história e beleza que é representada por esse vaso antigo.

O vaso antigo representa nossa vida antes da tragédia. Essa vida é, ao mesmo tempo, única, bela e complexa. Ela contém tudo o que nos pertence, nossa história, nossa dor, nossa alegria. As cores e os formatos do vaso representam nossa vida com todas as imperfeições e desequilíbrios. Esses são familiares; nós conhecemos intimamente os pormenores de nossa vida. As espirais de cor do vaso representam as muitas partes de nossa personalidade, nossa história pessoal, as pessoas que amamos e as experiências que nos moldaram até este momento. Como o vaso, imagine sua vida e a noção de si mesmo de antes.

Em seguida, visualize uma reunião em família em um dia de inverno chuvoso. Avós e netos, mães e pais, irmãos, irmãs, tias, tios e primos, todos comparecem. Comida e risadas são compartilhadas por pessoas de todas as idades. A refeição é desfrutada, bebidas são servidas, música é tocada e a farra está no ar. Uma brincadeira improvisada de esconde-esconde começa, que inclui perseguição pelos cantos, deslizamentos no piso de cerâmica e avisos para tomar cuidado enquanto se corre dentro de casa. Então uma jovem de meias corre pela porta de entrada, perde o equilíbrio e bate no pedestal que está o vaso. A garota grita de dor e todos os adultos correm para a entrada no momento em que o antigo vaso cai no chão... e se estilhaça.

Há um momento de silêncio, enquanto todos olham para o vaso quebrado. Todos os membros da família, até mesmo a jovem que caiu, compreendem o significado desse vaso. A criança não está ferida, mas os pedaços do vaso estão espalhados por toda a parte, por todo o piso de entrada. Ninguém fala, a criança não chora, pois a enormidade do que aconteceu os consternou.

A quebra acidental do vaso representa qualquer evento traumático que muda nossas vidas para sempre. Isso pode acontecer inesperadamente, em um instante, na extensão de tempo que levar para um vaso cair no chão. Em outros momentos, as tragédias podem levar muito tempo para se desdobrarem: a distância até o chão pode parecer infinita quando a queda acontece em câmera lenta. No entanto, uma vez que o vaso se estilhaça no chão, não há retorno. Considere o momento que seu mundo se estilhaçou, enquanto observava os pedaços de sua vida espalhados como vidro quebrado em um piso de cerâmica.

O silêncio é quebrado pela criança, que finalmente começa a chorar. Os adultos se aproximam para confortá-la, enquanto gritam advertências para os outros ficarem para trás dos estilhaços. Todos concordam e compreendem que foi um acidente, e trocam expressões de gratidão, pois ninguém ficou ferido. Era só um vaso. A garota levanta os olhos da bagunça e pergunta em lágrimas se o vaso pode ser colado de novo.

Imediatamente, após um evento traumático, há um desejo urgente natural de retornar à vida que existia antes da tragédia. Tudo está uma bagunça, com pedaços, do que antes costumava ser único, espalhados em toda parte. A morte de alguém que amamos pode incluir a solidão de ir ao restaurante que costumávamos frequentar, o telefone que não toca mais, o vazio na nossa cama, ou a tristeza e preocupação estampada nas faces das pessoas que tentam nos confortar. A vontade de voltar para o que era antes é impulsionada tanto pelo desejo de evitar a dor quanto o de restaurar o que foi quebrado — a pessoa e o modo de vida que agora lamentamos.

Lembro-me de ser acordada pelo alarme diário de Phil na manhã após sua morte. Enquanto o bipe incessante soava, eu mantive meus olhos fechados esperando que ele fosse estender a mão e desligá-lo, provando assim que ele não estava realmente morto. Tudo o que eu queria era a vida que me pertencia apenas 24 horas antes do toque daquele despertador. Eu me senti como a garotinha triste da visualização. Tudo o que eu queria era que alguém me dissesse como o vaso poderia ser colado de novo para que eu pudesse ter de volta a vida que agora estava quebrada.

A família reúne os pedaços maiores do vaso e os coloca de lado. Outros usam uma vassoura e uma pá para recolher as lascas de vidro e os pequenos cacos, que estão nas fendas do piso. Enquanto todos limpam para deixar a entrada segura novamente, alguém se pergunta em voz alta se os pedaços maiores podem, realmente, ser colados de alguma forma. O vaso original não pode ser exatamente recriado, isso é óbvio, mas talvez possa ser restaurado.

Nossas vidas — o vaso — nunca mais será o mesmo depois de uma tragédia, não importa quanta cola física ou metafórica seja usada. A realidade é difícil de engolir, muitas pessoas gastam muito tempo e energia trabalhando para recriar a si mesmas na imagem exata do que era o seu *eu anterior*. Com frequência, ser capaz de retornar ao seu eu anterior à tragédia é visto como um sinal de cura — é o que muitos de nós anseiam.

Como eu vivenciei após a morte de Phil, não pude evitar a comparação do meu antigo eu, uma vez completo, com o meu novo eu, ainda quebrado, e achar meu novo eu incompleto. Eu ansiava em recuperar minha vida como se a experiência trágica nunca tivesse acontecido, mas esse esforço é fadado ao fracasso. Quando a tragédia acontece e nossa vida é estilhaçada, fingir ou agir de outra forma é emocional, física, mental e espiritualmente prejudicial. Não podemos segurar uma foto do passado e tentar recriar aquela imagem ou aquele eu. Antes e depois não podem ser comparados.

Pedaços do vaso, grandes e pequenos, são colocados em uma pilha e classificados. Uma das crianças mais velhas começa a colocar os pedaços juntos em uma nova ordem, encaixando-as de maneiras inesperadas. O vidro, mesmo partido, continua bonito, enquanto toda a família separava e montava, eles perceberam que não estavam mais tentando salvar o vaso. Juntos, eles estavam fazendo uma nova peça de arte.

Depois de uma tragédia, não jogamos fora o que está quebrado. Nós nos comprometemos a transformar os fragmentos em uma nova vida — uma com sua própria beleza. É aqui que o trabalho deste livro se inicia. Com a coleta dos pedaços de sua vida. Com a varredura suave na bagunça deixada pelos estilhaços. Construindo uma nova obra de arte com os caquinhos da antiga.

Nas páginas seguintes, você será orientado a reunir os pedaços e gentilmente segurá-los e examiná-los. Você identificará o valor de cada um e, depois de reuni-los, os classificará em pilhas. Cuidadosamente, você decidirá se cada fragmento se encaixa ou pertence à nova obra--prima que está criando. Algumas peças serão grandes o suficiente para formar uma base, algumas que tenham um valor em particular serão valorizadas e algumas podem não mais se encaixar e serão deixadas de lado. Você pode descobrir que duas peças que não se relacionavam agora, inesperadamente, se encaixam, enquanto outras podem estar muito quebradas para serem utilizadas.

Esse é o trabalho de reconstrução. Permanecer aberto a novas possibilidades, nós elaboramos uma nova obra de arte a partir de nossas vidas, um pequeno fragmento de nossas vidas de cada vez. A única coisa que sabemos com certeza é que, embora muitas peças sejam as mesmas, essa vida não parecerá exatamente a mesma que vivemos antes.

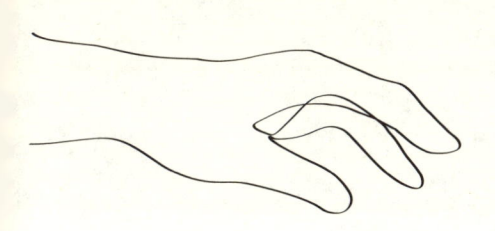

LUTO

Luto por Quem Costumávamos Ser

Experiências que alteram nossa vida causam mudanças em nosso senso de identidade. As mudanças em nossa identidade abrangem as novas características e habilidades que aprendemos, que nos ajudam a nos adaptar à nossa vida. Podemos também descobrir respostas emocionais desconhecidas que são reações a tanta dor e sofrimento. Sentir falta da pessoa que éramos antes de um evento traumático é normal.

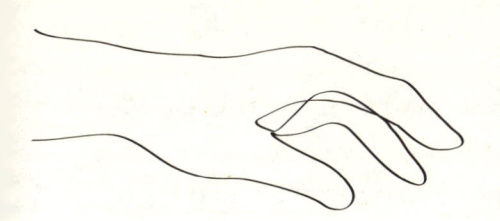

Capítulo 7

Sinto Saudade de Mim

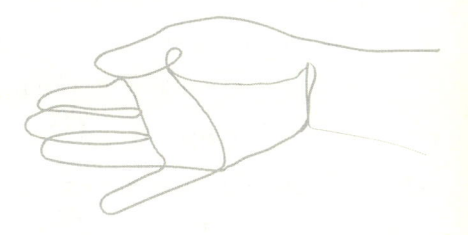

A pessoa que você foi antes do trauma que o mudou está morta.

Sei que essa é uma declaração muito forte, mas acredito que a chave para aprender a apreciar a nova pessoa que nos tornamos depois da tragédia é reconhecer e admitir o final do nosso modo anterior de vida. Frequentemente, eventos significativos da vida se tornam marcos ou linhas de demarcação separando o antes e o depois. Cada um de nós tem o seu. Sempre que tento me lembrar de quando algo aconteceu, a morte de Phil é meu principal marco de tempo. Penso nos eventos antes de Phil ou depois de Phil. Esse é um ponto de demarcação na minha linha do tempo pessoal.

Eventos maravilhosos como o nascimento de um filho ou a compra da primeira casa também podem se tornar marcadores da vida. Esses também são marcos de momentos antes e depois. A diferença principal é que, em geral, esses eventos positivos refletem o que queremos que aconteça; eles realizam nossos desejos ou tornam nossas vidas melhores do que eram antes. Já o trauma representa uma mudança indesejada. Marcos trágicos, com frequência, mas nem sempre, representam eventos que nos enfraquecem, desafiam ou mudam de formas que não esperamos ou queremos. Literalmente, nós não morremos, mas nossos sonhos com a pessoa que ansiávamos nos tornar sucumbiram e temos de reconhecer essa perda para que possamos seguir em frente.

O primeiro passo para começar de novo é aceitar que a vida que tínhamos antes acabou. Lamentar a pessoa que costumávamos ser e a vida que levávamos é normal e necessário, principalmente quando as mudanças em nossa vida não foram solicitadas nem antecipadas. Quando algo de valor é levado de nós, segue-se uma gama completa de emoções, como raiva, medo e tristeza. Luto pelo que era é saudável e nos ajuda a compreender a incorporar a pessoa que estamos nos tornando.

Nos primeiros meses após a morte de Phil, a letargia, falta de concentração, tristeza profunda, apatia e torpor que sentia fazia sentido. Eu sofri a morte de Phil em cada célula do meu corpo, gastei toda a energia que restou em um dia cuidando das crianças, trabalhando e cuidando da casa, sentindo falta dele. O grande vazio criado por sua ausência física foi a razão principal pela qual minha vida e senso de identidade não eram os mesmos. Senti alívio no início de ser capaz de apontar uma razão fora de mim para as mudanças mentais que eu estava vivendo. Eu via essas diferenças como temporárias, como se eu tivesse desenvolvido alguns tiques que seriam resolvidos quando eu voltasse ao normal.

À medida que o tempo foi passando e eu me afastava cada vez mais do dia da morte de Phil, fiquei desanimada e confusa com minha falta de motivação, com o esquecimento contínuo e indecisão constante. Isso durou em graus variados por anos. Esses primeiros anos, eu passei a maior parte do tempo desejando que a minha antiga eu voltasse. Minhas conversas comigo mesma, naquela época, eram sempre algum tipo de comparação do meu eu de antes, e nenhuma delas era lisonjeira.

Sentia saudade da pessoa que sabia o que queria, sem ter que verificar comigo mesma umas dez vezes para ter certeza.

Sentia saudade da pessoa que pensava em si mesma como uma Pollyanna. Sabe, a que sempre acredita que tudo vai dar certo.

Sentia saudade do meu cérebro. Muito. O mau funcionamento, principalmente a repentina incapacidade de fazer várias tarefas, era perturbador.

Sentia saudade da pessoa que quando telefonava para alguém e a chamada não era atendida, não achava que a pessoa, certamente, estava morta.

Sentia saudade de me sentir sã e valorizada.

Sentia saudade de viver com um marido forte, engraçado, gostoso e confiável ao meu lado.

Sentia saudade de saber que meu marido estava me esperando a hora que eu chegasse em casa de uma viagem ou de uma ida até o mercadinho.

Sentia saudade de ser corajosa e ousada, o tipo de mulher que casaria com um homem com quem namorava há seis meses, porque ela tinha tanta certeza que casar com ele era o seu destino.

Na verdade, eu ainda sinto saudade dessa pessoa que eu era. Ela era legal e engraçada. Ela era otimista e acreditava que era a dona do seu destino. Ela assumia riscos sem pensar duas vezes e encontrava formas de resolver as coisas se dessem errado. Ela vivia com uma tranquilidade e ingenuidade que eram lindas.

E então, seu marido morreu, e ela morreu junto.

Eu fiquei devastada com a perda desse eu. Eu não queria a vida que via à minha frente. Quando eu gritei: "Não, não, não, eu não quero fazer isso!" na sala de emergência aos pés da maca onde estava o corpo sem vida de meu marido, eu sabia exatamente o que eu não queria. Eu não queria mudar. Eu não queria me tornar uma nova pessoa. Eu não queria construir uma vida nova. Definitivamente, não queria construir uma nova vida sem o Phil. Senti como se alguém tivesse roubado a minha melhor identidade e me deixado com um modelo inferior que eu não gostava nem queria.

O desprezo que sentia pela Michele versão 2.0 era constante. Essa garota não conseguia fazer nada certo. Ela não conseguia cozinhar uma refeição para seus filhos sem esquecer algum ingrediente importante, como o frango para fazer um frango assado. Mesmo quando eu tinha todos os ingredientes necessários para fazer o frango assado, às vezes eu esquecia que estava cozinhando e acabava acidentalmente queimando o frango, que as crianças chamavam de disco de hóquei de frango. Foi quando decidi pedir pizza. Na verdade, a minha nova versão e os entregadores de pizza nos tratávamos pelo primeiro nome.

Meu novo eu não conseguia ler mais de duas sentenças sem ter que reler para poder compreender. Ela perdia todos os tipos de compromissos apesar de tê-los escrito no calendário, em uma nota adesiva e no quadro branco da família. O novo eu era impaciente e propenso às lágrimas e a ansiedade era sua parceira constante. Por mais que eu tentasse voltar ao modo de pensar do meu eu anterior e superar os medos que agora faziam parte da minha vida cotidiana, eu simplesmente não conseguia. E eu me julgava pelos grandes ou pequenos fracassos todos os dias.

O que eu não percebi é que precisava de uma nova maneira de avaliar meu progresso. Eu estava avaliando a mim mesma com o padrão de outra vida e me dispondo ao fracasso repetidamente. O desejo por minha vida antiga era tão forte que fiz do meu retorno ao meu antigo eu meu objetivo principal. Eu queria deixar para trás as técnicas de enfrentamento, que estava usando para minha dor, e treinar meu cérebro para agir como se o trauma não tivesse me mudado.

Eu não queria apenas o meu antigo eu de volta. Eu queria minha vida inteira de volta. Meu luto não era apenas por meu marido, mas por toda a vida maravilhosa que tínhamos juntos. Era a vida que eu tinha escolhido, a vida da qual eu estava no comando, a vida que representava a versão de mim mesma que eu respeitava e valorizava.

O luto por nós mesmos pode parecer semelhante ao luto por outra pessoa. Sofremos por características e qualidades específicas das quais nos orgulhávamos e que agora podem estar faltando. Ansiamos pela ingenuidade que acompanha a inocência da época anterior. Podemos ter devaneios da vida como ela costumava ser, e as pessoas, lugares e coisas que pertencia àquele mundo. Dizer adeus é difícil, principalmente quando o adeus é precipitado por uma dor diferente de qualquer outra que já conhecemos.

Depois de aceitarmos que nossa vida não será a mesma e que a pessoa que somos depois do trauma sabe e sente coisas que nosso eu anterior não sabia, abrimos a porta para conhecer nosso novo eu. Sempre podemos sentir saudades da nossa vida antiga e do nosso eu anterior. Sempre podemos nos sentir melancólicos quando pensarmos em nossas vidas pré-trauma. Sentiremos saudade e melancolia da versão de nós mesmos que morreu, da mesma forma que sentimos saudade e melancolia por uma pessoa que morreu.

Pare e reflita se você já se pegou dizendo: "Queria que tudo voltasse ao normal" ou "Queria poder esquecer que essa coisa horrível aconteceu." Em vez de julgar, ofereça a si mesmo alguma graça. Dê a si mesmo tempo e espaço para lamentar — pela vida que um dia teve e a pessoa que um dia você foi. Coloque de lado qualquer julgamento sobre a pessoa que você é agora, a que ainda está lidando com dor e trauma. Se estiver tendo dificuldades em oferecer bondade a si mesmo, o capítulo seguinte foi feito para ajudá-lo. Depois de um evento traumático, sua vida e senso de identidade serão diferentes, mas isso não significa que serão inferiores. Com o tempo, você descobrirá que sua nova vida não é só adequada ou apenas boa, mas pode mesmo ser ótima.

Tire um momento para refletir: do que você sente falta no seu eu pré-tragédia? Essa sua versão era totalmente fantástica? Pense na maneira que essa pessoa andou no mundo. Analise as diferenças que você vê na forma como a sua versão atual gerencia a vida. Que partes da vida que costumava viver você sente mais falta?

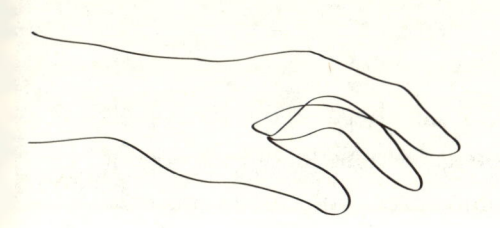

Capítulo 8

Quando Meu Antigo Eu Voltará?

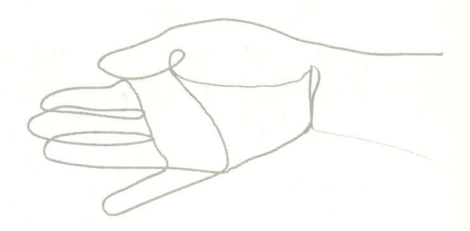

Experiências trágicas criam uma linha divisória entre nossas vidas de antes e depois da tragédia. Muitas vezes, a diferença é chocante e as ondas de choque reverberam em todas as áreas de nossas vidas. Mesmo quanto um evento trágico é esperado, resultam em mudanças de vida — principalmente todos os desafios que não escolhemos nem fomos voluntários — que podem ser aterrorizantes e desorientadoras.

Depois de um trauma transformador, mesmo quando uma versão de nós mesmos morre, outra versão nasce. O nascimento desse eu acontece no momento do trauma, e não é um evento bonito. Não tem passarinhos cantando, nem pessoas comemorando a chegada dessa nova pessoa ao mundo. Em vez de alegria e expectativa, há dor, confusão e tristeza.

Essa é outra razão pela qual, muitas vezes, comparamos injustamente nosso eu anterior com nosso eu atual pós-traumático. Nosso novo eu não tem a menor chance, porque a grama será sempre mais verde no passado, antes de o trauma ocorrer.

A nova pessoa nascida do trauma, em geral, chega no que, provavelmente, é o capítulo mais difícil da vida de alguém. Se tentarmos engolir o choro e seguir em frente, é quase como dizer a um recém-nascido para descobrir como sobreviver por sua conta, sem ajuda, orientação, amor ou carinho. Se julgarmos nosso novo eu duramente, sempre que não conseguirmos lidar com ele, estaremos esquecendo o fardo esmagador sob o qual nos encontramos e todas as diversas vantagens que nosso eu anterior desfrutava.

Como o capítulo 6, este é dedicado a uma visualização guiada, a qual se destina a encarnar essa dinâmica. Enquanto você lê, imagine-se como duas pessoas neste cenário: como você mesmo e como a pessoa a quem você dá uma tarefa impossível. Essas são as suas versões do eu pré e pós-tragédia. Preste atenção em como você se sente e em que partes deste cenário repercute mais fortemente com sua própria experiência.

Vários dias após um evento traumático, você visita a pessoa que estava no meio da tragédia. Ela está emocionalmente destruída e esgotada. Seus olhos estão vagos e parecem desorientados. Seus pés parecem estar pesados como blocos de concreto. Ou ela não consegue dormir ou está exausta, dormindo o tempo todo. Sua memória não é confiável e ela usa a dor como uma segunda pele. A cada dia, ela vivencia uma face diferente do trauma, talvez raiva, depressão, apatia ou algo mais tudo junto. Você ama essa pessoa, mas olhar para ela o entristece, e você sente que está na hora de ela seguir em frente. Ela precisa sair desse lugar de dor e restaurar sua vida anterior.

As duas estão na base de uma montanha íngreme; de um lado está o destino, o lugar onde a pessoa pode se tornar quem era antes. A paisagem é árida com nenhum verde à vista. O caminho em que você está é pavimentado, a inclinação é tão forte que parece que você está se inclinando para frente enquanto está de pé.

No momento imediato de uma experiência traumática, a situação quase sempre requer ação e gerenciamento instantâneos, mas você pode se sentir incapaz de tomar decisões e de lidar com as circunstâncias. À medida que a luta continua, podemos nos tornar cada vez mais desorientados, desanimados e frustrados. Nós não reconhecemos a nós mesmos nem o cenário que estamos inseridos, ambos foram transformados pela tragédia. Nosso primeiro impulso pode ser nos forçar a superá-la e voltar a ser a pessoa que éramos.

Enquanto fica de pé na base da montanha, você começa a encher uma enorme mochila com pedras pesadas. Cada uma é designada com uma palavra diferente: medo, culpa, vergonha, arrependimento, dor, descrença, isolamento, desapontamento, desilusão, desaprovação e assim por diante. Você continua a colocar as pedras que consegue encontrar até que a mochila fique cheia, sem espaço para mais nada. Você pega a mochila, o que exige toda a sua força e a coloca nos ombros do seu ente querido. O peso da mochila curva seu corpo, mas de alguma forma ele a segura e não cai. A pessoa aceita que é obrigada a carregar esse fardo.

Nos momentos, dias, semanas, meses e até mesmo anos que seguem o evento traumático, nós vivenciamos tensão, estresse e transtorno emocional. Essas sensações estão relacionadas aos eventos específicos pelos quais passamos e elas surgem também de nossa autocrítica sempre que não correspondemos à forma como achamos que devemos agir. Se concordamos em carregar esses sentimentos, eles se tornam como rochas em uma enorme mochila que devemos levar para onde quer que formos. Nosso novo eu está sobrecarregado desde o primeiro momento de sua existência, e ele continuará a adicionar mais rochas de todos os tipos ao longo do caminho.

*Agora você diz à pessoa para começar a caminhar. A única ins-
trução que dá é que ela siga o caminho até a trilha acabar. Há
apenas uma trilha com uma única direção, direto para o topo da
montanha, com várias curvas fechadas e subidas íngremes facil-
mente visíveis. A distância até o final da trilha não é clara, mas a
dificuldade que há à frente é evidente.*

A curto prazo, a turbulência raramente é seguida por período de
tranquilidade. Podemos enfrentar uma longa e urgente lista de tarefas,
talvez envolvendo hospitais, ambulâncias, assistentes sociais, polícia,
advogados, casas funerárias e outras mais. Essas tarefas são necessárias. Não há como contorná-las e elas podem ser assustadoras e fora
do normal. Apesar dos muitos fardos emocionais, temos que lidar com
elas. Além disso, a vida comum continua, sem pausas. Temos trabalhos
e pessoas que dependem de nós. O chamado da vida diária pode ser
sussurrado ou à base de gritos, dependendo da urgência do assunto
em questão. Então começamos a caminhar, apesar da dificuldade do
caminho e apesar de não sabermos quanto tempo teremos que subir
ou qual a distância de nosso destino.

*Sua pessoa amada não tem alimento nem água. Não há espaço
na mochila para as necessidades básicas da vida, embora a pessoa pareça estar totalmente desinteressada em eu sustento. Nesse
momento, você fica meio preocupado sobre o bem-estar físico
dela, mas ela dispensa com um aceno qualquer tipo de oferta
de ajuda e continua a caminhar. Ela insiste que ficará bem e se
concentra na escalada à frente.*

Antes de Phil morrer, ele e eu mantínhamos um cronograma de refeições regulares. Como *personal trainer*, eu tinha o cuidado de equilibrar
minha dieta para que eu consumisse calorias e nutrientes suficientes
para alimentar meu corpo para as tarefas físicas diárias. Cheguei num
ponto em que meu corpo responderia como um relógio à necessidade

de alimento. Você não se meteria comigo se eu tivesse perdido uma refeição! No dia seguinte à morte de Phil, eu não conseguia pensar em comer, e, nos dias posteriores, o refrão pronunciado em diferentes tons em minha casa por minha rede de apoio era: "Dê só uma mordida, por favor." Depois de cerca de um mês, percebi que eu mal tinha me alimentado e, ainda assim, meu corpo não estava me dando nenhum sinal de alerta. Não tinha a costumeira dor de cabeça que sinalizava a necessidade de alimentos e não prestei qualquer atenção à frequência de minhas refeições. Na época, lembro-me de ficar surpresa por meu corpo não ter notado a falta de nutrição. Eu ainda não tinha percebido que essa era apenas uma das formas de meu corpo processar o trauma da morte de Phil.

O conceito de que a dor emocional estava drenando as necessidades físicas do meu corpo era estranho para mim. Eu não sentia sede, fome ou me cansava da mesma forma que eu sentia apenas algumas semanas antes. Água e nutrição de qualquer tipo estavam em segundo plano; a maioria das vezes, as pessoas tinham que me lembrar de comer ou beber. Embora eu estivesse exaurida boa parte do tempo, minha falta de energia não me deixava sonolenta; em vez disso me sentia esgotada. A diferença era extrema e, às vezes, debilitante.

Nos primeiros dias de uma experiência traumática, dor e choque pode mascarar a reação natural do nosso corpo às necessidades físicas como fome e sede. A vida cotidiana também, quase sempre, é interrompida, por isso não temos os lembretes de nossos hábitos normais, como o sanduíche na hora do almoço e o café da manhã. Na verdade, preparar o café nos faz lembrar da pessoa que perdemos, tendemos a evitá-lo junto com quaisquer outras rotinas que compartilhávamos. O trauma pode impregnar as ações diárias com emoções difíceis, de maneira que o jantar fique com gosto de papel. A alteração dos hábitos diários combinada com o estresse intenso pode deixar a alimentação de nosso corpo em segundo plano, isso se você se lembrar dela.

Conforme o tempo passa, colocar nossas necessidades físicas de lado pode se tornar um hábito. Distúrbios de alimentação, ingestão abusiva, fome emocional, desidratação e desnutrição são subprodutos comuns de vivenciar um evento traumático. Com a ausência de sinais físicos normais, o enfrentamento significativo de sofrimento emocional e a gestão do cérebro sobrecarregado, em geral, as necessidades do nosso corpo saem completamente fora de nossa lista de prioridades. Essa falta de cuidado então se torna uma parte de nossa vida diária. Por isso, acabamos por tentar superar os desafios emocionais mais difíceis que já enfrentamos sem atender às nossas necessidades físicas mais básicas.

Enquanto a pessoa amada coloca um pé com botas de cimento na frente do outro, balançando sob o peso que carrega nas costas, vozes emergem das margens da trilha: "Não dá para ir mais rápido?", "Há dez anos, você conseguiria carregar esse peso sem problemas.", "Você está horrível.", "Nossa, você costumava ser mais forte.", "Isso foi idiotice.", "O que há de errado com você?", "Por quanto tempo continuará usando a dor como desculpa?", "Por que você continua perdendo as coisas?", "Você costumava ser melhor em tudo." As zombarias continuam enquanto a pessoa luta para continuar sem desmoronar sob o peso da mochila ou desistir. Então você percebe que não há mais ninguém ao longo da trilha, somente você e a voz é sua.

Essa visualização representa como, normalmente, nos tratamos depois de viver uma experiência traumática. Antes de estarmos prontos, nos damos a impossível tarefa de recuperação, nos cobrimos de negatividade, e depois nos julgamos duramente por não fazermos melhor. Avaliamos nossos eus pré e pós-traumáticos e achamos a nova versão deficiente sem levar em conta as dificuldades e os desafios da nossa nova situação.

Nosso eu pré-traumático nunca precisou enfrentar uma escalada — ou seja, desafios indesejados trazidos por uma experiência traumática. Essa pessoa nunca conheceu a dor que agora conhecemos — a mochila de sofrimento, tristezas e dor que agora carregamos. Depois de uma tragédia, é desorientador acordar com uma dor terrível e querer ser a mesma pessoa de antes. O desejo de retornar para a versão familiar de nós mesmos é compreensível, mas só tornamos nossa vida mais difícil se nos julgarmos com nossos padrões anteriores. Prejudicamos nossa autoestima com essa comparação injusta dos nossos eus pré e pós-traumáticos.

É por isso que é fundamental abandonar a ideia de que podemos voltar a uma réplica de nosso antigo eu. Somos a pessoa que nos dá a tarefa de enfrentar os grandes desafios de nossa nova vida, e somos nós que percorremos esse caminho aparentemente interminável. Nós somos quem caminha, quem vivenciou o trauma, nasceu desse trauma e é, em sua essência, um estranho para nosso eu anterior, que conhecia apenas pastos mais verdes do outro lado da cerca. Precisamos tratar nosso novo eu com bondade, paciência e compaixão, o que alivia nossa carga. Essa nova versão de nós mesmos não escolheu nascer e substituir a antiga, mas, por meio do trauma, isso aconteceu. Conhecer essa nova pessoa é a parte essencial para estruturar a vida que vamos construir nos dias, semanas e anos por vir.

Pare um momento e pergunte a si mesmo: como você está tratando essa nova versão de si mesmo? Você gosta de si mesmo nesse momento? Você é respeitoso e gentil com a pessoa que acordou essa manhã e teve que lidar com os afazeres da vida por mais pesados que eles fossem? Quais desafios enfrentará hoje que teriam sido totalmente estranhos ao você de ontem?

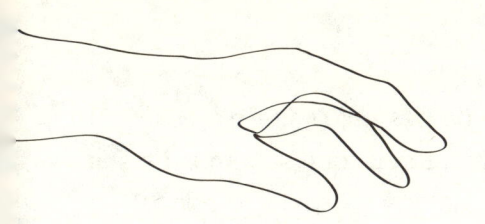

Capítulo 9

Os Sonhos que Ficaram com Você

Quer estejamos de luto pela morte de um ente querido, pelo término de um relacionamento, por doença física ou algum evento trágico, isso sempre é acompanhado por uma variedade de perdas secundárias. Sonhos, planos e oportunidades, todos são modificados pela ausência do que estamos de luto. Identificar as perdas secundárias e validar nossos sentimentos em relação aos sonhos perdidos é outro passo no processo de cura e reconstrução.

Imediatamente após uma experiência traumática, é comum ser consumido pelo trauma. Os primeiros dias, semanas e meses são um período de choque, enquanto mente, corpo e espírito começam a trabalhar na reconciliação do que aconteceu. As mudanças iniciais as quais temos que nos adaptar são, em geral, as mais dramáticas, exigindo alterações em nosso estilo de vida, rotina diária e compreensão do mundo. As perdas secundárias são mais sutis. Elas se revelam com o tempo, conforme nos adaptamos às novas circunstâncias e colocamos um pé na frente do outro.

Se estamos de luto pela morte de uma pessoa, o ajuste à ausência de sua presença física começa no momento em que sabemos de sua morte, e continua inexoravelmente. Passamos a esperar e confiar na presença dessa pessoa em nossa vida cotidiana, e precisamos de tempo para compreender a dura realidade na qual a pessoa jamais voltará a entrar pela porta da frente.

Se a experiência de mudança de vida inclui mudanças físicas devido a uma doença ou acidente, ou dano psicológico em razão de um evento violento, nossas primeiras prioridades, normalmente, abrangem experiências novas com médicos, especialistas, hospitais, autoridades policiais e advogados. A lista de tarefas físicas a serem concluídas pode tirar nosso foco e mascarar as perdas secundárias. Essa é outra estratégia de proteção empregada por nosso cérebro, que permite que a compreensão seja construída lentamente, enquanto a resposta de fugir ou lutar, ativada por uma experiência que ameaça a vida, se retrai.

À medida que a realidade do nosso estado físico e mental se torna mais clara, uma nova rotina diária começa, que é alterada por nossa experiência. Essa realidade reestruturada destaca a influência contínua de nosso trauma e seus impactos de longo prazo.

Até a morte de Phil, minha compreensão da impermanência da vida era teórica. Sua morte deixou essa compreensão irrefutável. Embora, mesmo diante do fato, dia após dia, de que ele não voltaria para casa, não me deixou preparada para as muitas maneiras que eu sentiria falta dele pelo resto da minha vida. Meu cérebro me protegia de compreender completamente a enormidade de sua ausência física, o que me permitia me adaptar, pouco a pouco, às mudanças à frente.

O primeiro ano de luto restaurou minha vida à medida que eu passava por aniversários de casamento, aniversários, feriados e marcos de vida sem Phil ao meu lado. Quando o segundo ano começou, percebi que esse ciclo de vivenciar os eventos da vida sem ele se repetiria várias vezes. Após o choque e a desorientação do primeiro ano, a percepção de minhas perdas secundárias começou a vir à tona. Nosso sonhado futuro juntos não era mais possível, e todas as maneiras que isso era verdade se tornavam mais evidentes a cada dia que passava.

As perdas secundárias surgem de diversos tipos diferentes e não podem ser compreendidas de uma vez só. Nos primeiros estágios da vivência de um trauma, o agora é tão importante que o amanhã é colocado na lista de coisas com as quais lidar mais tarde. No entanto, por fim, chega o momento em que pensamos de novo e somos forçados a reavaliar nossos planos para o futuro.

Algumas pessoas têm grandes sonhos, detalhados, muito específicos, enquanto para outras o futuro é nebuloso. De qualquer forma, todos temos que tomar decisões sobre os marcos culturalmente esperados que são salpicados ao longo de nossas vidas. Em geral, eles fornecem uma estrutura em torno da qual moldamos nossos planos. Entre outras coisas há o tipo de cursos que devemos fazer; onde vamos morar; se vamos nos casar e ter filhos; que carreira vamos seguir e para onde podemos viajar. A natureza de uma experiência traumática pode afetar alguns desses objetivos e não outros, ou talvez nossa vida inteira precise ser reimaginada e reestruturada.

Sonhar com o futuro é um pouco parecido com escrever uma história. Cada uma de nossas experiências de vida estrutura o modo como imaginamos nosso futuro. Com o tempo, conforme visualizamos a vida que desejamos, fazemos planos para alcançá-la. Isso inclui a antecipação dos desafios normais e esperados. Por exemplo, se queremos nos tornar médicos, isso requer uma educação de longo prazo e cara, então como vamos conseguir isso? O que não conseguimos antecipar são as tragédias e traumas inesperados que acabam até mesmo com os planos mais criteriosos. São como reviravoltas dramáticas da trama que impactam e mudam o resto da história. De repente, após o trauma, nossa narrativa imaginada tem que ser reescrita. Isso significa deixar de lado o plano original de como o nosso futuro deveria se desenrolar.

Reescrever é difícil. Quase por definição, nossos sonhos representam o que mais desejamos. Desistir dos sonhos mais queridos leva tempo e esforço. Na verdade, leva tempo até para perceber todas as formas que o trauma impactará nossos planos. São as chamadas perdas secundárias. Não porque são menores, mas porque nós apenas as percebemos e avaliamos mais tarde, quando o impacto do trauma chega de formas inesperadas e nos força a perceber como mais uma parte de nossa narrativa original foi revisada.

O dia em que Phil morreu, imaginei, em um sentido amplo, tudo o que ele perderia da vida. Eu sabia que os planos que tínhamos feito juntos nunca iriam se concretizar. Eu vi tudo isso enquanto estava sentada na emergência do hospital: o quanto ele faria falta nos eventos da família, nas conquistas na vida das crianças e como meu parceiro tanto na alegria quanto na tristeza.

No entanto, por mais devastador que isso fosse, imaginar que ele estaria ausente não era a mesma coisa do que viver sem ele, quando os momentos imaginados chegassem.

Olhando para trás, eu acho que tive um pensamento passageiro no dia em que Phil morreu sobre ter um neto que ele nunca conheceria, mas, na época, eu não conseguia me imaginar segurando um bebê nos meus braços. Oito anos depois, quando esse dia chegou, eu estava sentindo cheiro de bebê do primeiro neto de Phil, beijando o topo de sua cabeça macia e mostrando a ele um brinquedo de aparência engraçada, meu coração disparou e meus olhos se encheram de lágrimas. Phil deveria estar segurando seu neto. Ele devia estar presente nessa linda e incrível parte da nossa história. Para mim, toda parte dessa terna experiência doeu com sua ausência.

Cada passo da reconstrução da minha vida após a morte de Phil evidenciou um sonho diferente, que foi alterado ou despedaçado por sua morte, e cada nova revelação exigia reconhecimento e uma possível adaptação, conforme eu escrevia e reescrevia uma nova versão de roteiro para minha vida.

As expectativas que eu tive que deixar de lado surgiam de vários tipos diferentes, desde a suposição de que nossa vida compartilhada seria administrada por duas pessoas até a pequena constatação de que ele nunca veria seus amados Raiders ganharem o Super Bowl ou ver a tecnologia legal desenvolvida pelo mundo do ciclismo. No entanto, quer as perdas fossem inócuas, como não conseguir torcer para seu time de futebol favorito, ou devastadoras, como nunca conhecer seus netos, a lista de sonhos que não seriam possíveis crescia lenta, mas progressivamente. Quanto mais eu vivia, maior era a minha consciência do que eu, ele e nós estávamos perdendo.

Em sua vida, sem dúvida, você está ciente de como o trauma impactou a história de sua vida das formas mais dramáticas. As perdas secundárias são mais lentas ao se revelarem e não podem ser todas antecipadas. Essas alterações menos óbvias em seu plano de vida simplesmente surgirão ao longo dos anos à medida que você constrói e prossegue sua nova vida.

Não há como saber quantas perdas secundárias você pode enfrentar. Como o trauma original, em geral, elas chegam inesperadamente, e não é possível antecipar como se sentirá quando surgirem. Cada perda só pode ser vivida no momento. Em vez de contar, catalogar ou antecipar essas futuras perdas secundárias, concentre-se agora no seu novo roteiro de vida. Concentre-se em como se sente agora, como deve se adaptar e então comece o trabalho de reescrever a história de seu futuro.

A maioria das pessoas está familiarizada com a revisão. Seja escrevendo um trabalho de conclusão de curso, um artigo, um e-mail ou qualquer outra coisa, todos nós lutamos para encontrar a palavra correta ou a melhor maneira de expressar uma ideia. Toda obra escrita tem parâmetros e, às vezes, uma palavra faz diferença, podendo ser difícil e frustrante ajustar o que quer dizer com elas. Essa é uma analogia para a tarefa que você enfrenta ao reescrever seu futuro. Agora, traga essa luta à sua mente, preste atenção aos sentimentos que surgem. Imagine o aborrecimento e a irritação de ter que reescrever um trabalho de que você gostou porque o professor disse que estava longo demais. O processo de reescrever requer uma combinação às vezes dolorosa de paciência, criatividade e determinação.

Agora, feche seus olhos e imagine que você já reescreveu a sinopse de onde você está em sua vida no momento. Você já captou o que está sentindo e como sua vida está diferente do que costumava ser. Ao sentar-se diante do teclado e olhar para a tela, você vê que ela está mostrando o número certo de palavras e que também expressou lindamente o que pretendia dizer. Conforme relê o que escreveu, você percebe que a redução das palavras à sua essência o forçou a esco-lher somente aquelas que fossem mais relevantes para seu processo de cura e integração. O desafio de ter que se expressar nesse momento lhe proporcionou a oportunidade de considerar sua vida a partir de uma variedade de perspectivas. Contar sua história de uma maneira diferente despertou novas ideias e realizações — seu coração e sua mente se beneficiarão com o esforço. Você escreveu uma história que reconhece o que foi, o que é e o que pode ser. O trabalho que você fez tem valor e potencial.

Você continuará a reescrever a sua história conforme sua vida con-tinua, uma vez que nada acontece exatamente como esperamos. Seja gentil consigo mesmo, caso se sinta desanimado. Dê a si mesmo per-missão para fazer pausas, caso se sinta sobrecarregado. Embora a rees-crita seja, muitas vezes, dolorosa, o roteiro alterado pode ser apenas uma obra-prima em construção.

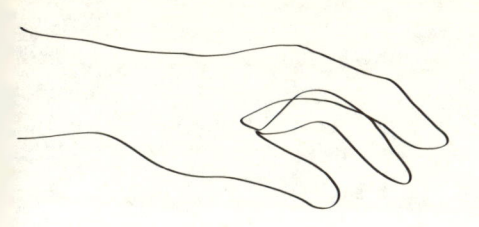

INVENTÁRIO

Descobrindo o que Importa

Antes de começarmos a estruturar uma vida para nosso novo eu, temos que conhecer a pessoa que nasceu do trauma. Temos que olhar atentamente para a vida que estamos vivendo no momento para determinar as formas em que nosso estilo de vida atual apoia ou dificulta nosso crescimento por meio da evolução pessoal adiante.

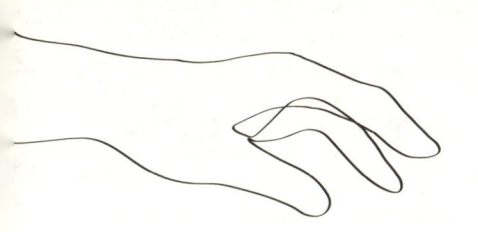

Capítulo 10

Coisas que Não se Encaixam Mais

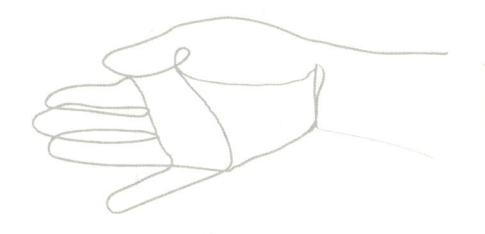

Conhecer nosso novo eu requer testar as normas que definiram nossa vida anterior com as necessidades da pessoa que nos tornamos. Identificar e abandonar situações, *hobbies*, pressupostos e relacionamentos que não se encaixam mais em nossas necessidades depois de uma experiência de mudança de vida é um passo poderoso para a autoaceitação e estruturação de uma nova vida.

O quão diferente ou semelhante nossa nova vida será de nossa vida "anterior" depende, em parte, da experiência que nós vivenciamos. Se o trauma que tem afetado nosso mundo, que tirou nosso emprego, nossa casa ou nossa saúde, então essas mudanças em nossa vida são claras e imediatas. A carreira de uma pessoa pode terminar porque ela não é mais capaz de executar suas obrigações no trabalho por causa de um ferimento ou uma doença; ou a casa de alguém e todas as suas posses podem ser destruídas por um incêndio ou um desastre natural, deixando-o sem casa ou qualquer uma das coisas que definiam e representavam sua vida anterior. Restaurar certas posses físicas pode ser impossível, porém, o mais importante, temos que avaliar quais elementos de nossa vida anterior queremos manter ou incluir na nova vida que estamos estruturando.

Quando um ente querido morre, muitos elementos de nossa vida podem parecer idênticos ou permanecer, exteriormente, inalterados. Nossa casa ou emprego, mesmo nossa família mais próxima, podem parecer inalterados. Ainda assim, internamente, podemos sentir nossa vida agora totalmente desordenada. A ausência dessa pessoa em nossas vidas pode afetar nossas paixões e o que nos dá sentido. Essas mudanças podem não ser imediatamente óbvias e podem levar tempo para se mostrarem. À medida que construímos uma nova vida para nós, temos que pensar em como um trauma transformou não só as possibilidades futuras, mas também muitas das minhas preferências, paixões e prioridades.

Uma carreira que antes parecia completa, agora pode estar vazia. Um *hobby* que ficamos imersos por muito tempo pode não chamar mais nossa atenção. Apoiar uma determinada causa ou fazer um trabalho voluntário, que desempenhou um papel fundamental em nosso senso de identidade, pode não preencher mais a mesma necessidade pessoal. O trauma, em geral, causa uma redefinição de nossas vidas nos forçando a examinar tudo o que fazíamos e com quem passávamos nosso tempo e o que queremos fazer com o tempo que nos sobrou.

Ver as coisas de uma maneira nova é um efeito colateral da sobrevivência. Nossa experiência nos proporciona um filtro novo, mais aguçado e mais nítido através do qual vemos nossa vida e o mundo. Nós avaliamos nossa vida atual e nossos planos para o futuro em relação às experiências passadas e, com base no que aprendemos ao integrar os impactos e lições de trauma, nós reestruturamos essa vida.

No entanto, apesar desse novo filtro ou nova forma de ver o mundo, o que fazemos com essa nova compreensão é opcional. Após um trauma, uma mudança em nossa percepção é inevitável, mas temos que escolher se e como ajustar nossas vidas. Às vezes, ver as coisas mais claramente se torna desconfortável. Onde moramos e como vivemos pode, de repente, se tornar errado ou sufocante, considerando que não era assim antes. Podemos questionar nossas prioridades, relacionamentos, interesses ou paixões.

Como um exemplo simples, imagine que a cor favorita de alguém seja sempre o azul, mas agora, por alguma razão qualquer, talvez por causa de algo relacionado à experiência traumática, ele nem possa ver essa cor. Ainda assim, seu guarda-roupa está repleto de coisas azuis e é preciso fazer uma escolha.

Ele comprará roupas novas e, lentamente, mudará seu guarda-roupa ao longo do tempo? Ele dá a maioria das roupas e mantém apenas alguns itens preferidos ou de valor sentimental, apesar de serem azuis? Ou o azul agora é algo muito perturbador, então todo o guarda-roupa deve ir para a pilha de doação?

A sensação de estar deslocado em um mundo que antes era familiar é muito comum depois de um trauma. Olhar em torno e, de repente, perguntar-se se nosso estilo de vida é ainda certo é natural, após passar por um evento que dilacerou a nossa vida "normal".

Às vezes, podemos sentir que há algo errado conosco, se nossa vida de antes parece não se encaixar mais. O desconforto que nos impele a reexaminar nossa vida pode ser confuso e perturbador, principalmente se tudo o que queremos é voltar à familiaridade que conhecíamos. Sentir-se deslocado em nossa vida atual pode nos fazer pensar se agora estamos quebrados de uma forma que não pode ser consertado.

Se você se sente assim, saiba que não está irreparavelmente quebrado. O impulso emocional que está lhe pedindo para reexaminar sua vida após o trauma é um sinal de cura.

Você pode não querer reexaminar sua vida, mas também não dá para esquecer o que já se sabe. A natureza de uma experiência que altera a vida é que ela muda a forma como olhamos o mundo e, se fazemos ou não algo para integrar esses entendimentos e mudar nossa vida, as diferenças clamam para que sejam reconhecidas.

Sendo assim, o clamor a responder e fazer mudanças em nossa perspectiva, prioridades ou circunstâncias de vida pode parecer implacável. E algumas pessoas podem se sentir incapazes de mudar alguma coisa de suas vidas anteriores, em geral, porque querem manter a vida que costumavam ter como prova de que não foram mudadas pelo trauma. Quando ocorre essa atitude teimosa de se manter como está, a única pessoa que sofre somos nós mesmos.

A ruptura que sentimos é parte de nós, ela pode ser desconfortável e tem lições para nos ensinar. Pessoalmente, eu teria gostado de tê-las aprendido de forma diferente. Ainda assim, se nos permitirmos olhar para as áreas fundamentais de nossa vida por essa nova perspectiva, e nos libertarmos das expectativas, descobriremos que esse novo mundo está repleto de possibilidades. Quando tudo está disponível, o que podemos conquistar pode nos surpreender.

Reavaliar nosso mundo não significa, necessariamente, mudar tudo nele. Após uma análise detalhada de nossa vida diária, podemos descobrir que nossas prioridades ainda se alinham com o que queremos criar no futuro e que nosso estilo de vida anterior ainda viabilizará nosso crescimento pessoal contínuo. Para saber se isso é verdade, no entanto, temos que reunir a coragem de observar nosso estilo de vida pela perspectiva de nossa experiência de mudança de vida e fazer os seguintes questionamentos: a maneira que vivemos até hoje será melhor para nos ajudar a seguir em frente e, se não, o que precisa mudar?

A seguir, faço uma revisão de diversas áreas que, normalmente, são impactadas pelas experiências traumáticas para ajudá-lo a avaliar por si mesmo o que pode ser necessário mudar e como. Essas áreas compreendem prioridades, relacionamentos, casa e meio ambiente e interesses como carreira, paixões e sonhos.

Prioridades

Uma das respostas mais comuns e perceptíveis experiências traumáticas é a mudança das prioridades pessoais. Quando somos surpreendidos com o súbito entendimento de que não temos tempo a perder, em geral, nos concentramos em fazer escolhas mais conscientes sobre como vamos usar nosso tempo. Se descobrimos que passamos tempo demais trabalhando e tempo de menos fazendo trilha, podemos nos pegar em uma trilha em um sábado de manhã em vez de trabalhando em um projeto profissional inacabado. Se sempre sentimos vontade de concorrer a um cargo público, podemos perceber que a hora é agora. Podemos ser invadidos por um novo senso de urgência para realizar coisas que nos interessam, e isso pode influenciar poderosamente nossa tomada de decisão diária tanto quanto nosso planejamento de longo prazo. Sobreviver a um trauma evidencia a fragilidade da vida e nos encoraja a dar espaço para pessoas, experiências e paixões que preenchem e curam nossos corações.

Relacionamentos

A forma como nos relacionamos com as pessoas também pode mudar, embora essas mudanças possam ser complicadas. Em alguns casos, o impacto de nossa nova perspectiva pode significar que nos tornamos muito mais próximos de alguém que não se fazia muito presente em nossa vida antes. Por outro lado, se outra pessoa que costumava ser uma confidente regular luta para aceitar ou reconhecer pelo que passamos, podemos nos sentir menos seguros com ela e confiar menos nela. Nossa disposição em partilhar nossos sentimentos abertamente pode ser impactada pelo medo de como os outros reagirão. Principalmente, quando estamos confusos com nossos próprios sentimentos. Podemos ter dificuldade para nos conectar à família e aos amigos, ou podemos descobrir que nossa experiência e nossa nova perspectiva nos levam à reunir a família e os amigos como nunca aconteceu antes.

As pessoas que nos conhecem bem podem, de repente, sentir que não nos conhecem mais ou que estamos escondendo alguma coisa. Um comportamento que antes aceitávamos como normal pode, subitamente, se tornar completamente inaceitável. Nossas expectativas em relação às outras pessoas podem mudar, e podemos reavaliar os papéis que a família e os amigos desempenham em nosso cotidiano. Enquanto estamos nos ajustando internamente às mudanças causadas por nossa experiência, as pessoas que nos amam devem fazer o mesmo. Algumas pessoas podem mostrar a paciência e a benevolência necessárias para respaldar um relacionamento próximo, à medida que lutamos para evoluir em nosso novo eu; outras talvez não.

Em geral, quem está próximo de nós pode tentar consertar o que vê como desestruturado para nos ajudar a voltar ao normal, para retornarmos para nosso antigo eu, mas que pode ser o oposto do que precisamos. Ao contrário, precisamos que os amigos e a família aceitem, abracem e conheçam a nova pessoa que estamos nos tornando, uma pessoa que sobreviveu a um trauma. De todas essas formas, nossa perspectiva e prioridades alteradas podem influenciar a maneira como nos relacionamos com as pessoas, os tipos de relacionamentos que buscamos e o que precisamos e queremos de nossos relacionamentos atuais.

Casa e Meio Ambiente

Quando ocorre um trauma em casa ou em um espaço que representa uma grande parte de nossa vida cotidiana, podemos ser incapazes ou ficarmos relutantes em permanecer nesse espaço — no lugar em que nossa vida foi alterada. Esse espaço físico pode não parecer mais seguro. Para começar de novo e iniciar uma vida diferente, podemos querer fazer isso em um lugar novo. Para algumas pessoas, pode significar permanecer em sua casa atual, mas completamente remodelada ou com a fachada diferente. Para outros, pode significar a mudança para uma nova cidade ou estado e recomeçar em um local onde ninguém sabe seu nome ou sua história. Qualquer uma das opções é viável desde que liquidemos nossas contas com o local onde ocorreu o trauma.

O que isso significa? Em geral, presume-se que deixar fisicamente o local onde o evento aconteceu é como fugir ou deixar a própria experiência para trás. Mas a dor que experimentamos vive dentro de nós. Não temos que ficar no mesmo espaço onde o trauma aconteceu, mas também deixar o lugar ou transformá-lo não fará a dor ir embora. A mudança de cenário não apagará a razão da mudança. Em vez disso, além de quaisquer mudanças que façamos em nossas condições de vida, ainda devemos fazer o trabalho de cura emocional do trauma, o que pode significar lidar com as associações dolorosas que um determinado lugar representa para nós. Mesmo se mudarmos em um novo local, o antigo sempre desempenhará um papel em nossa vida e em nosso futuro.

Interesses: Carreira, Paixões e Sonhos

Um dos impactos mais significativos que uma nova perspectiva pode ter é em nossos sonhos para o futuro e em nossos interesses e paixões. Coisas novas podem ser importantes para nós. Muito. Realizações surpreendentes relacionadas à nossa experiência, pessoas que entraram em nossa vida durante nossa cura e sonhos que tínhamos medo de expressar antes podem se tornar de primordial importância no mundo que estamos estruturando.

Às vezes, algumas pessoas podem satisfazer essas novas paixões e sonhos com certa resistência. Elas podem considerar um novo hobby ou causa, sobre a qual pouco sabíamos antes, como uma fantasia ou uma obsessão inexplicável. Podem ficar chocadas com uma decisão de mudança de carreira depois de anos de estudo e desenvolvimento de competências em outra área. O que é absolutamente necessário para nós — o resultado de nossa mudança de perspectiva após o trauma — pode não parecer óbvio ou necessário para as pessoas ao nosso redor. Na verdade, podemos não ter certeza plena sobre como nossas prioridades mudaram; sabemos apenas que elas mudaram. A nova maneira que vemos o mundo — e as escolhas que fizemos relacionadas à mudança de perspectiva — é uma experiência em evolução influenciada por nossa cura.

Cada um é diferente e cada experiência traumática é diferente. Como prioridades, escolhas de carreira, *hobbies*, paixões e sonhos são influenciados por esses tipos de eventos será único para cada um.

E se sua expectativa for apenas restaurar a vida que tinha antes de o trauma forçá-lo a rescrever o roteiro? Reavaliar nossa vida em resposta ao trauma não significa necessariamente mudar cada parte de nossa vida. Para algumas pessoas, suas vidas cotidianas podem permanecer exatamente como eram e são felizes assim. Entretanto, algumas coisas serão, com certeza, diferentes, e as diferenças exigem ser reconhecidas. Ser capaz de reconhecer e descrever essas diferenças pode levar tempo. O fundamental é fazer as perguntas e permanecer aberto para as novas respostas. É assim que construímos a vida que melhor se encaixa em nosso novo eu.

Dar Tempo ao Tempo

A sensação de se sentir deslocado em seu mundo pode acontecer de uma vez ou pode se revelar ao longo do tempo que estiver processando sua experiência. O "eu antigo" e o "novo eu" compartilharão muitas qualidades. Para algumas pessoas, as duas versões de si mesmas são tão semelhantes que estranhamente ninguém perceberia a diferença. Mudar apenas por mudar não é o objetivo, nem se tornar uma pessoa completamente nova. Em vez disso, dê a si mesmo a oportunidade de fazer qualquer alteração em sua vida que permita a seu novo eu um lugar seguro para evoluir e se curar.

Esse tempo de questionamento pode ser aterrador. Onde antes havia certeza, a incerteza pode agora reinar. O que sabia sobre si mesmo sem sombra de dúvida pode, repentinamente, estar em dúvida. Se o questionamento vier normalmente até você, pode ser um processo interessante. Você pode mergulhar avidamente em novas possibilidades. Se, em vez disso, você progredir com previsibilidade e precisão, esse processo pode parecer alarmante e fora de controle. É mais fácil temer do que passar pela incerteza que não levará a nada positivo.

Seja o que for verdadeiro para você, proporcione a si mesmo uma enorme quantidade de benevolência conforme avalia essas partes de sua vida. Novas perspectivas exigem um tempo de ajustamento para evitar a dor de cabeça causada pelo excesso de informações.

Quando eu tinha 13 anos, receitaram-me meus primeiros óculos de grau. Lembro-me do médico me dizer que meus olhos precisariam de tempo para se ajustarem à minha visão aprimorada. Ele recomendou que eu usasse os novos óculos a cada dia por períodos progressivamente mais longos: uma hora no primeiro dia, três horas no seguinte, meio-dia no final da semana e então, finalmente, o tempo todo. Caminhar por aí com visão aprimorada tornou as cores mais fortes, as palavras em cartazes decifráveis, e tudo o que eu olhava mais nítido e claro. Eu senti como se estivesse vendo o mundo pela primeira vez.

Essa mesma abordagem progressiva pode ser aplicada à sua vida. As adaptações que precisará fazer para estruturar uma nova vida de que você gosta não será e nem poderão acontecer todas de uma vez. Faça esse processo com um passo de cada vez. Ouça seu corpo e seu coração; os dois sinalizarão qual área da sua vida precisa de atenção em um dado momento. Esse processo não tem prazo para acabar. Use o tempo que precisar para se ajustar a essa nova maneira de ver seu mundo.

Tornar-se a versão mais verdadeira de nós mesmos é um processo de integração ao longo da vida, no qual as experiências de hoje se tornam as lições de ontem, e o passado influencia como vivemos no presente e o que almejamos para nosso futuro.

O trauma tem uma forma de dar vida a expressões comuns — de repente, cheirar as flores pode parecer algo surpreendentemente importante. As ações das pessoas podem falar mais alto do que as palavras. E embora você ainda não se sinta forte ou reconheça seus pontos fortes, você sobreviveu.

Você ainda está aqui, e uma vida de significado está clamando por você.

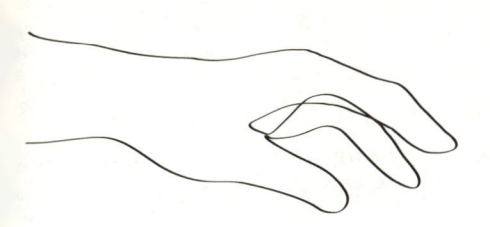

Capítulo 11

De Volta à Bicicleta

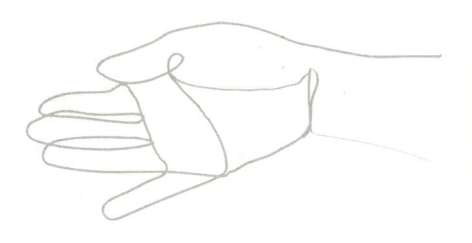

Phil e eu compartilhávamos o amor pelo ciclismo. Pelo menos é o que você pensaria se nos visse andando de bicicleta juntos.

Antes de nos conhecermos oficialmente, nós fazíamos parte do mesmo grupo de ciclismo, quando eu estava treinando para uma corrida de aventura no verão de 1998. Recentemente divorciada e convidada há pouco tempo para me juntar à equipe de corrida, gastei minhas economias na minha primeira *mountain bike*, e meus colegas de equipe organizaram um grupo para me unir, junto à minha nova *bike*, à nossa jornada inaugural. Phil fazia parte da grande massa de ciclistas, e ele me falou depois que seu interesse por mim aumentou ao me ver escalar as montanhas naquele dia. Não que ninguém (inclusive eu) tivesse pensado nisso, já que ele não proferiu uma palavra para mim além de um "Oi" a manhã toda. Mais de um ano passou para que, enfim, nos encontrássemos no corredor da academia na véspera de ano novo.

Um ano após meu divórcio, eu estava fazendo diversos testes para reestruturar minha vida. A corrida de aventura era um novo esporte. Eu amava os amigos que me convidaram para fazer parte da equipe e aprender ciclismo de montanha era uma etapa necessária para participar do evento no qual minha equipe tinha se inscrito. Para mim, o ciclismo era um meio para o fim que se iniciou com o aprendizado de rodar nas trilhas montanhosas com duas rodas. Toda vez que eu montava na minha bicicleta, eu respirava profundamente e me lembrava que superar meus medos era um exercício de formação de caráter.

O que Phil não sabia, já que ele admirava minhas habilidades para escalar montanhas, era que pedalar exigia que eu saísse da minha zona de conforto. Não tenho um amor natural de voar com meus tênis de ciclismo presos a uma estrutura de metal. Eu não gosto do aumento da pressão sanguínea que acontece quando nos inclinamos em uma curva, enquanto descemos uma montanha. Quase sempre, lutei com o conceito comum dos ciclistas de *mountain bike*: que não se deve olhar para onde não se quer ir. Mais de uma vez, eu espreitei a encosta de uma montanha que estava e acabei voando pela beirada, derrapando junto com a bicicleta presa por meus tênis. Mas o meu medo de ciclismo de montanha não era nada em comparação à intensa ansiedade que senti quando imaginei andando em uma bicicleta leve com pneu fininho, a 60cm (se você tiver sorte) de um carro zunindo a 80km/h na faixa ao seu lado. É, não sou nada fã.

Quando Phil e eu começamos a namorar, treinar para os eventos de resistência fazia parte da minha vida cotidiana, e embora eu ainda não fosse apaixonada pelas etapas das corridas de ciclismo, provavelmente, devia parecer muito bonita em cima de uma *bike*. Por isso que ele teve certeza que deveria adicionar a bicicleta de estrada ao meu repertório de *hobbies*.

Ao longo de nosso casamento, Phil e eu corríamos, andávamos de bicicleta e competíamos juntos. Todo final de semana fazíamos algum tipo de exercício ao ar livre também, os quais usávamos como uma forma de ficar conectados um ao outro enquanto criávamos seis filhos. Tivemos sorte em criar uma comunidade de amigos com os quais treinávamos e compartilhávamos inúmeras aventuras atléticas. O tamanho do grupo variava, influenciado pela programação ou por quem estivesse lesionado naquela semana, mas nós amávamos nosso grande e dedicado grupo de amigos que compartilhavam nossa paixão pela atividade física.

Nossos parceiros de treino tinham variados interesses e, muitas vezes, convencíamos uns aos outros a nos comprometermos com um novo tipo de exercício. Antes de nos conhecermos, Phil foi levado a andar de bicicleta de estrada por um cara que ele admirava e que lhe disse que esse tipo de ciclismo era uma ótima maneira de aumentar a capacidade cardiovascular. Ele começou a campanha para me juntar a ele nas corridas com bicicleta de estrada, quando começamos a andar de *mountain bike* juntos. Ele sentia minha falta quando se exercitava sozinho. Ele queria passar as horas que treinava comigo. Ele disse que me ensinaria tudo o que eu precisava saber, comprou uma bicicleta de estrada para mim e eu, relutantemente, comecei a treinar em ruas pavimentadas.

Ao longo dos anos, Phil e eu passamos alguns de nossos memoráveis momentos pedalando, correndo ou escalando um ao lado do outro. Eu amava a maneira que ele acreditava em mim. Quer dizer, exceto na época em que estávamos andando com nossas *mountain bikes* na estação de esqui Mammoth durante a baixa temporada de verão, e, sem falar nada, ele me levou para o que tinha sido uma pista de esqui *double-diamond* (pista para esquiadores profissionais), na qual eu precisei saltar com a bicicleta por cima de uma vala e atravessar uma ponte de cordas. Quando chegamos na base, eu estava uma fera, mas Phil sorriu orgulhosamente e disse: "Eu sabia que você conseguiria."

Na primavera de 2005, Phil ficou convencido que eu poderia ser uma força para a corrida de *mountain bike* feminina, e criou um programa de treinamento que garantiria meu domínio na área para a próxima temporada. Eu fiquei relutante em participar desse plano, e até hoje me sinto bem convencida de que uma temporada de prêmios não faria parte do meu futuro. Mas ele não se convencia do contrário. Eu ainda sorrio quando me lembro do brilho em seus olhos quando ele sonhava com o pódio.

Os planos de Phil para minha carreira em corridas nunca foram testados, porque meses depois ele faleceu em um acidente ciclístico, concretizando um dos meus maiores medos como ciclista.

Sua morte reverberou por toda a comunidade local e abalou o mundo dos nossos amigos ciclistas. Todos sabiam que nosso esporte podia ser perigoso e a maioria de nós conhecia alguém que teve uma experiência de quase acidente ou mesmo um acidente com um carro enquanto estava pedalando. Mas até a morte de Phil, poucos conheciam alguém que tinha perdido a vida enquanto pedalava. Eu nunca esquecerei quando saí do pronto-socorro no dia de sua morte e encontrei um grupo enorme de amigos parados perto da porta esperando por mim. Cada rosto assustado refletia o choque de alguém que eles conheciam e amavam e que havia sido morto em uma bicicleta.

Depois da morte de Phil, as primeiras semanas e meses eram como um borrão. Nada era normal, então não observei o fato de ter parado de andar de *bike*. Naqueles dias, eu estava mais concentrada em se eu tinha alimentado as crianças do que em minhas atividades físicas diárias. O exercício se tornou um mero detalhe, junto às minhas necessidades pessoais, uma vez que o peso de gerir uma vida, antes compartilhada com meu esposo, estava agora somente sobre meus ombros.

Entretanto, quando minha nova vida diária se estruturou, definida pela dolorosa ausência física do meu marido, comecei a sentir a ânsia pela liberdade que o exercício proporcionava. De repente, percebi que precisava me mexer e começar a testar cada um dos *hobbies* que compartilhávamos para ver qual era o que melhor se encaixava para eu fazer sem Phil.

Esses testes foram tão dolorosos. Eu tinha memórias muito claras da primeira vez que amarrei meus tênis de corrida em frente à nossa varanda sozinha. Lágrimas corriam pelo meu rosto, enquanto um filme rodava em minha cabeça com a voz de Phil reverberando em meu coração. Respirando profundamente, desci correndo a nossa rua, passei pelas casas de nossos vizinhos e amigos. Corri cerca de 45 metros para depois voltar e caminhar de volta para casa, porque percebi que não conseguia, de forma simultânea, correr, chorar, respirar e ver para aonde estava indo.

Mas no final, encontrei consolo na corrida. Havia algo reconfortante sobre poder esmagar meus sentimentos no asfalto e o alívio momentâneo ao imaginar que superava a terrível dor em meu coração. Tive saudades de Phil em cada passo que dei, e também senti sua presença a cada quilômetro percorrido. Correr funcionou para meu novo eu, que estava tentando se encontrar no meio dos escombros da vida depois de Phil.

Depois veio o ciclismo.

À medida que eu corria e fazia trilha, muitos dos nossos amigos de ciclismo se juntaram a mim como forma de se manterem em contato após a morte de Phil. A qualquer momento, quando alguém telefonava para ver como eu estava, eu sugeria uma caminhada, trilha ou corrida para conversarmos. Conversar ficava mais fácil se eu estivesse me movimentando. Depois de alguns meses, meus amigos começaram gentilmente a me perguntar o que eu sentia sobre o ciclismo. Toda indagação doce e genuína relacionada ao ciclismo era seguida por uma oferta para pedalar comigo, caso eu decidisse que queria voltar a pedalar.

A expressão "voltar à ativa" me assombrou durante essa época. Eu me sentia pressionada a provar que a morte de Phil não mudaria a forma que eu vivia minha vida. Eu tinha aceitado a ideia de que a única maneira de provar que eu não estava "danificada para sempre" era voltar a pedalar a minha *bike*. Eu queria que meus amigos e minha família soubessem que eu era corajosa e forte. Eu queria assegurar-lhes que eu conseguiria passar pelo luto e voltaria ao meu antigo eu, o que eles conheciam. Eu decidi que mostrar essa coragem só poderia ser feito se eu voltasse a andar de *bike*. E não a *mountain bike*. Eu me obriguei a voltar a andar na bicicleta de estrada.

Eu ainda posso sentir o vento em meu rosto e o terror em meu coração ao ficar diante da minha bicicleta aquele dia. Amigos de confiança me acompanharam; na verdade, eles me pegaram em casa e me levaram até o lugar onde faríamos o passeio. Acho que eles deviam estar com tanto medo quanto eu de estar em uma bicicleta. Combinamos um percurso simples pelas estradas com pouco tráfego. Quando joguei minha perna por cima do quadro da *bike*, a sensação de ansiedade familiar me invadiu. Essa parte não era nova. Eu sempre ficava ansiosa quando pedalava, mas dessa vez eu enfrentava dificuldades em valorizar o conceito de encarar meus medos como exercício de construção de caráter. Dessa vez, eu pensava, ao sair do estacionamento e cruzar a rua lado a lado com um carro, por que eu estava fazendo aquilo comigo.

Conforme eu pedalava ao longo da rua na ciclovia, sentia uma perturbação, tanto física quanto emocional, criada pelos carros assim que passavam. Cada onda de ar que atingia meu rosto parecia um soco em meu peito. Cada vez que um carro passava, eu lutava com a vontade de fechar os olhos. Continuei imaginando como Phil deve ter se sentido quando um carro colidiu com seu corpo de deus grego. Quanto do impacto ele sentiu? Ele sabia que seus ferimentos tirariam sua vida? E por que, meu Deus, eu estava andando de bicicleta, aterrorizada e infeliz? Para provar que eu não estava destroçada?

Enquanto eu pedalava, descobri que não tinha que provar nada para ninguém, exceto para mim mesma. A ironia de usar esse passeio para mostrar que eu ainda era o eu familiar que os outros conheciam era que, desde o início, eu não gostava de pedalar. Comecei no ciclismo simplesmente para tentar algo novo depois do meu divórcio e, acidentalmente, se tornou um *hobby*, porque meu novo marido amava isso. Eu o amava, ele amava o ciclismo, então eu pedalava. Após sua morte, o único incentivo que tinha para pedalar era não querer que as pessoas pensassem que eu estava fragilizada e destroçada.

Eu achava que tinha algo errado em estar fragilizada. E aí que meu raciocínio foi por água abaixo.

A verdade é que estar destruída depois de uma experiência traumática é normal e necessário. Os traumas que causam mudanças também nos destroem. As experiências que viram nossas vidas do avesso não podem ser enfrentadas com uma atitude de normalidade, porque elas são tudo, menos normal. Permitir que estejamos destruídos abre espaço para o passo lógico seguinte, a necessidade de tempo para curar.

Se resistirmos ao impulso de recompor nossa vida "do jeito que ela era" e, em vez disso, perguntar a nós mesmos qual partes da nossa vida anterior ainda serve à pessoa que estamos nos tornando agora, nossa fragilidade se torna nossa força. Não temos que provar ao mundo (nem a nós mesmos) que não estamos sofrendo. Assumindo a realidade de que nossa experiência nos proporciona uma rara oportunidade para nos reequilibrar, refletir e estruturar uma vida que se encaixe em nosso novo eu pós-tragédia.

Nos anos seguintes após a morte de Phil, as pessoas se sentiram mais confortáveis em me perguntar se eu ainda andava de bicicleta e eu, lentamente, sentia-me mais confortável em dizer que não. Por muito tempo, responder a essa pergunta fazia me contorcer de forma desajeitada e tropeçar em minhas palavras. Toda vez que essa pergunta pairava no ar, meu velho autojulgamento fazia a dúvida sobre minha escolha retornar imediatamente.

Desenvolver a habilidade de responder à pergunta sem embaraço ou culpa levou um bom tempo. Ensinam aos atletas a não desistirem, e a atleta em mim queria muito usar merecidamente o distintivo de coragem que senti pedalando após a morte de Phil.

Ao me apoiar tanto na minha fragilidade, quanto na minha cura, descobri que, ao fazer a escolha para honrar meus próprios sentimentos e permitir que outras pessoas pensassem o que quisessem, desenvolvi um tipo diferente de coragem. Esse tipo de bravura, na verdade, construiu meu caráter. Não importa o que pensam das minhas escolhas, elas são minhas. Não sinto falta de andar de *bike*. Eu só sinto falta de andar de *bike* com Phil.

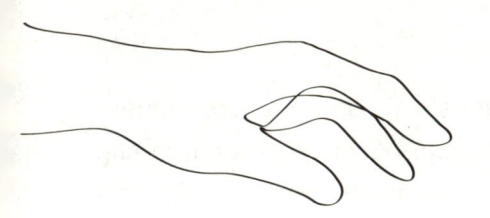

Capítulo 12

Filtrando Opiniões

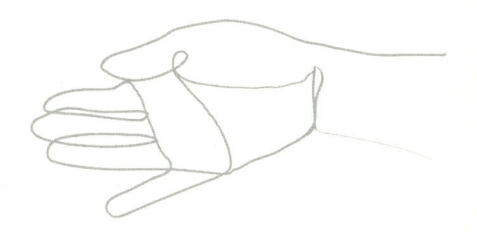

Depois que o trauma entra em nossa vida, conselhos bem-intencionados costumam surgir. Podemos nos sentir inseguros e hesitantes sobre o que fazer, a forma apropriada de agir, a forma "certa" de nos curar e é natural buscarmos segurança. Nessa situação, a opinião dos outros, apresentadas com confiança, mesmo de pessoas que não nos conhecem bem, mesmo de quem não conhecemos e não sabem nada pelo que passamos, pode de repente parecer muito importante.

As mudanças provocadas por uma experiência traumática impactam não só a nós, mas as pessoas ao nosso redor. Nossos traumas pessoais são testemunhados pelos familiares, amigos, vizinhos, colegas, conhecidos e desconhecidos. Algumas dessas pessoas podem nos apoiar incondicionalmente, enquanto outros podem não estar disponíveis ou nos julgando de forma ativa enquanto realizamos o trabalho de reconstrução.

Uma coisa que todos têm em comum é uma opinião sobre como devemos administrar nossa vida e nossa cura.

Muitas pessoas têm uma intensa curiosidade sobre as consequências do trauma e como os sobreviventes conseguem seguir em frente, depois de suas vidas terem sido irrevogavelmente alteradas. As pessoas nos observam, com muito cuidado, durante esse tempo de cura. Quando alguém dá sua opinião, muitas vezes, ela é alimentada por uma preocupação genuína pelo bem-estar da pessoa, combinada com uma sensação de desamparo ao testemunhar a dor, principalmente se a pessoa for um ente querido. Enquanto isso, outros compartilham suas opiniões não solicitadas, perguntas, críticas e julgamentos, porque eles acreditam que são mais espertos — independentemente de como a pessoa se sente ou se pediu ou não conselhos.

Após uma tragédia, o interesse e a preocupação intensos dos outros, muitas vezes, levam a uma quantidade esmagadora de conselhos, e como os processamos pode ser complicado. Nossa autoestima é, em geral, baixa, nossa situação é devastadora e desconhecida, e opiniões e sugestões podem vir de todos os lados. Filtrar o que é útil do que não é, e depois tomar nossas próprias decisões com segurança, pode parecer uma tarefa hercúlea. No entanto, quase sempre essa dificuldade é uma surpresa. Comparada ao trauma que enfrentamos, podemos imaginar que lidar com as sugestões e conselhos dos outros seria fácil, relativamente falando. Quando isso se transforma em um atoleiro, podemos nos sentir sobrecarregados de uma forma completamente nova.

A morte súbita de Phil atraiu uma atenção inesperada da comunidade local. Inicialmente, houve um desfile intrusivo de carros que passava lentamente pela nossa rua tranquila. No começo, ingenuamente, eu imaginava o que teria acontecido ali perto que estava trazendo tantos carros para a vizinhança, até o dia que um conversível desconhecido parou em frente à nossa casa e o motorista olhou descaradamente pela janela da minha cozinha. Fiquei chocada com a ideia de que alguém quisesse ver o quanto minha vida estava devastada.

Enquanto eu ainda preferia acreditar que a maioria das pessoas que olhava pela minha janela era bem-intencionada, suas ações me deixaram vulnerável de uma forma nova e dolorosa. A quadra de basquete, que antes significava esperança e comprometimento, tornou-se um mirante para curiosos, para aqueles que tinham necessidade de ficar de olho em mim.

De repente, eu me senti exposta em minha própria cozinha. Em vez de me conformar em observar o que estava acontecendo na frente de casa, meus dias se tornaram um jogo estranho de espreitar no canto da cozinha se alguém estava passando de carro ou estava em pé à minha porta.

À medida que meus sentimentos de vulnerabilidade aumentavam, eu me tornava hiperfocada em formas práticas que pudessem controlar meu ambiente. Depois de tantos carros passarem lentamente na minha rua, eu comprei venezianas para cobrir toda a janela da minha cozinha. Essa decisão precipitada desencadeou uma contínua cascata de dúvidas sobre mim mesma e de autoavaliação. Eu sabia que não podia continuar a viver como um peixinho dourado em um aquário, fazer algo a respeito me fez sentir poderosa, mas também como se estivesse cedendo ao medo e ao luto, literalmente apagando a luz do sol. A ideia de que eu estava me rendendo à minha necessidade de privacidade me fez questionar as escolhas que fiz para proteger a mim e a meus filhos.

Eu estava tão ocupada pensando se as outras pessoas pensavam que eu era fraca, que não me senti confiante em resolver o problema com segurança. Cobrir as janelas pela primeira vez em cinco anos criou uma sensação de segurança para minha família, mas a perda da luz do sol na cozinha também representou outra maneira na qual minha vida mudou a partir do dia que Phil faleceu. Hoje, estou satisfeita por ter me dado o que eu precisava naquele momento, quem me dera eu pudesse voltar no tempo e comemorar isso comigo mesma.

A atenção indesejada em torno da minha casa e da minha família durou muito mais do que eu esperava. Quando os carros começaram a passar pela minha janela, achei que as pessoas, rapidamente, ficariam cansadas de observar meu luto e voltariam a viver suas próprias vidas. Em vez disso, descobri que minha vida como viúva chamou atenção indesejada por mais tempo do que imaginei.

Em público, quando eu ia fazer compras ou cuidar de alguma outra tarefa, pessoas desconhecidas se sentiam confortáveis em fazer todo tipo de pergunta pessoal imaginável. Eu ouvia perguntas indesejadas sobre a educação das crianças, luto, se estava namorando, se não estava, se estava trabalhando demais ou trabalhando de menos, reparos domésticos, compras grandes, compras menores, finanças diárias, a necessidade de seguir em frente e muito mais.

Eu deixei inúmeras pessoas falando sozinhas, atônita com a ousadia de suas perguntas:

"Quantos seguros de vida Phil tinha no nome dele?"

"Você comprou um carro vermelho para chamar a atenção dos homens?"

"Você acha mesmo que está dando um exemplo positivo de enfrentamento para seus filhos?"

Em outros momentos fiquei perplexa com a crueldade das declarações feitas com plena certeza.

"Ninguém quer ficar perto de alguém que está triste."

"Phil morreu há seis meses, está na hora de recomeçar."

"Se Phil a amasse mesmo ele teria tomado conta de você fazendo um seguro de vida."

Em cada esquina, alguém parecia estar observando o que eu estava fazendo e as pessoas se sentiam à vontade para lançar suas opiniões em cima de mim, normalmente sobre assuntos que não eram da conta delas — e eu deixava. Administrar as investidas de atenção era exaustivo; eu estava cansadíssima de me defender. Em vez de estabelecer limites, eu me escondi em casa.

O trauma pode ter um impacto importante na autoconfiança. A razão pela qual eu permitia que as pessoas fizessem perguntas sem punição era meu medo de que elas estivessem certas. Meu eu pré-trauma tomava decisões com confiança e seguia confiante da decisão para a ação. Após a morte de Phil, eu mudava de ideia de uma hora para outra, questionava minha decisões imediatamente após tê-las tomado. Eu vivia com uma sombra crônica de dúvida que era angustiante e enlouquecedora.

Mesmo as opiniões que não importavam para mim levaram minha incerteza a níveis ridículos. Por que Phil não me amou o suficiente para fazer um seguro de vida? Talvez eu estivesse mesmo fazendo um trabalho horrível como exemplo saudável de enfrentamento para meus filhos! Pera aí! Será que eu inconscientemente comprei um carro vermelho para arrumar um homem?

Toda observação, não importava feita por quem, levava minha autoconfiança a desabar. Finalmente eu me livrei daquele círculo vicioso de opiniões — no qual minha autoestima abalada era incapaz de filtrar as opiniões dos outros e ter minha própria opinião — depois de experimentar um flagrante desrespeito pela minha privacidade que me tirou o fôlego.

Seis meses antes da morte de Phil, decidimos que eu precisava de um carro novo, e me apaixonei pelo Mini Cooper recentemente lançado. Meus carros anteriores eram práticos modelos familiares feitos para transportar seis crianças. Um Mini Cooper não era definitivamente esse tipo de carro e fiquei relutante em comprar um carro com tão pouco espaço. Phil, no entanto, adorou a ideia e ficava destacando todas as maneiras em que ele era o carro perfeito para mim. Ele começou uma campanha maluca para me convencer a comprar o Mini e passou a parar o carro toda vez que passava em um revendedor do Mini e insistir para eu fazer o *test-drive*. Ele até alugou um Mini Cooper para eu dirigir durante as férias que tínhamos planejado, mas, por causa do acidente, nunca as desfrutamos.

Após a morte de Phil, quando prossegui com a compra de um carro novo, eu não tinha dúvidas do tipo que ele gostaria que eu comprasse. Em uma rara amostra de segurança, vendi seu caminhão de trabalho, coloquei o dinheiro em uma nova conta e encomendei o carro que Phil tinha feito campanha, quase todos os dias, por seis meses. Um amigo e confidente me orientou e me deu apoio, enquanto eu encomendava um Mini Cooper vermelho com teto e interior preto. Vermelho era a cor favorita de Phil. A escolha de um carro vermelho me fez sentir como se nós dois fizéssemos parte da compra do tão aguardado Coupé. Depois que entreguei o cheque para pagar a compra, eu me senti satisfeita. Naquele momento, vislumbrei minhas antigas habilidades de tomada de decisão — eu estava orgulhosa de mim mesma pela primeira vez em minha memória recente.

Então o telefone tocou.

Um funcionário do banco, onde depositei o dinheiro da venda do caminhão de Phil, observou uma grande retirada da minha conta. Ele nos conhecia, então ele ligou para perguntar se tínhamos comprado um carro novo. O carro era luxuoso? O carro era vermelho? Eu estaria acelerando por aí em um carro chamativo?

Eu estava na cozinha e minhas pernas ficaram bambas. Fiquei chocada pelo fato de essa pessoa saber que eu tinha comprado um carro um dia depois da compra, e antes mesmo de o carro chegar. Como alguém sabia quanto entrava e saía da minha conta? Eu fiz algo errado? Eu devia ter pagado o carro de outra maneira? Minhas contas estavam comprometidas? Um monte de perguntas se agitavam em minha cabeça como uma máquina de lavar roupa funcionando.

O funcionário continuou a fazer perguntas sobre a compra e eu respondi uma a uma, sentindo-me como uma adolescente sendo inquirida depois de fazer alguma bobagem. De pé e paralisada em um lugar com o telefone no ouvido, senti meu orgulho e confiança recém-nascidos irem para o ralo. Eu tinha certeza sobre a compra, e agora parecia não só questionável, mas também irresponsável. Todas as dúvidas contra as quais eu tinha lutado durante minhas noites sem dormir voltaram à minha mente. Eu me sentia cansada, triste e envergonhada.

Então, finalmente, fiquei brava.

Como aquela pessoa ousava acessar minhas informações financeiras pessoais? Pior ainda, essa pessoa teve a audácia de insinuar que Phil poderia não ficar feliz com minha compra. Eu sabia exatamente como Phil se sentiria com a compra do carro. Simultaneamente, eu compreendi que as razões que me levariam a fazer qualquer compra não era da conta de ninguém, só minha. Eu estava no comando da minha vida, para o bem ou para o mal, e naquele momento eu decidi que não toleraria mais o questionamento de forma inapropriada de mais ninguém. A percepção de que eu era a única encarregada de tomar decisões para mim e minha família chegou como um trovão. A raiva me deu coragem para me defender e sair daquela posição em que fui colocada.

Até aquele momento, eu tinha permitido que qualquer pessoa tivesse acesso ao meu interior turbulento. Enquanto eu lutava com a incerteza diária, procurei informação de qualquer um que queria dar sua opinião e me entretinha com sugestões de todo tipo. Quanto mais melhor, eu achava. Até que mais virou demais, eu estava tão atolada de sugestões, julgamentos e expectativas, que não fazia ideia do que eu queria.

Minha indignação esmagadora me proporcionou a força de que eu precisava para recompor meus limites pessoais. Assim como quando comprei as persianas, fechei outras janelas de meu mundo e tomei decisões sozinha por instinto. Não permiti que opiniões indesejadas fizessem parte do meu processo de tomada de decisão. Minha raiva me livrou das dúvidas sempre incômodas que me atormentavam, mas afastar pessoas indiscriminadamente teve um preço.

Depois de um tempo, percebi que estava perdendo informações valiosas que poderiam ter me poupado tempo, dinheiro e dor de cabeça. Agora eu estava tomando todas as decisões por mim e pela minha família, mas sem qualquer ajuda ou conselho. Pessoas adoráveis queriam ajudar, mas eles estavam respeitando meus limites claramente estabelecidos. Eu precisava encontrar uma forma melhor de filtrar as opiniões que eu solicitava e as que eu recebia, em parte com base em quem era a pessoa e que papel desempenhava em minha vida.

Depois de um trauma, as pessoas que podem lhe dar apoio, compreensão e um ombro amigo são mais importantes que tudo. Depois de ter compensado em demasia meus limites e lutado sozinha para tomar decisões muito difíceis, percebi que queria fazer parte da equipe de novo. Minha equipe original, Phil e Michele, não existiam mais, mas outros estavam dispostos a chegar e me ajudar a criar uma nova equipe. Eu precisava encontrar o equilíbrio entre a total autonomia e o acesso irrestrito — e encontrei.

No capítulo a seguir, eu explico o processo que desenvolvi para identificar um conselho valioso, tomar decisões e criar uma equipe de apoio.

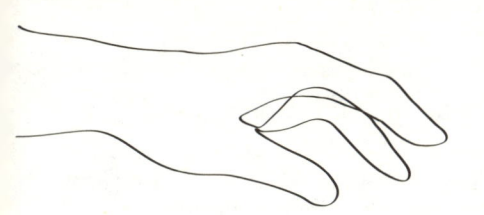

Capítulo 13

A Vida no Aquário

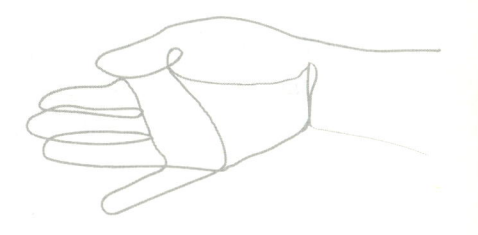

Pense em você como um peixinho dourado em um aquário. Você está encarregado de criar e gerir o ambiente que existe ao seu redor. Consegue se ver ali?

Usando a analogia de um aquário, eu criei um método de filtragem para priorizar e processar as recomendações e críticas, ao mesmo tempo em que construía grupos de apoio. Por vários anos, eu aprendi essa abordagem para ajudar os outros enquanto se curavam do trauma, e adoro a autoconfiança que ela gera. Se trata de criar uma atmosfera que reconheça nossa independência sem perder de vista a interdependência que é parte vital da experiência humana.

Para começar, é preciso um caderno ou algumas folhas de papel. Primeiro, faça uma lista de todas as pessoas que lhe dão conselhos pessoais, tanto positivos quanto negativos, de forma regular. Isso abrange família, amigos, colegas de trabalho, vizinhos — qualquer um que expresse opiniões sobre como você administra sua vida. É muito importante que você escreva o nome daqueles cujas palavras o magoou, ou cujas opiniões o fizeram se questionar; adicione também a lista de pessoas confiáveis cujos comentários o desafiaram a pensar em um tópico de um ângulo diferente.

Depois, classifique cada pessoa em uma de cinco categorias ou tipos de grupos que eu descrevo a seguir: alimentadores de peixes, peixes que vivem no seu aquário, peixes em aquários vizinhos, observadores de aquário e peixes que vivem no oceano.

Alimentadores de Peixes

O peixinho dourado precisa ser alimentado para sobreviver. Visto que eles não conseguem preparar seu próprio jantar, eles contam com seus cuidadores para os alimentar. Olhe para a sua lista de pessoas: qual delas o alimenta, seja emocional, mental, espiritual e/ou fisicamente? A quem você recorre se precisa de assistência com o cuidado com seus filhos ou de uma mãozinha para completar uma tarefa? Se estiver doente e precisando desesperadamente de uma sopa, quem da sua lista a trará para você? No caso de uma crise emocional, para quem você telefona?

Os alimentadores de peixes são as suas pessoas. Elas são as que o ajudam a criar e gerir o ambiente no qual você vive. Os alimentadores de peixes o conhecem melhor que ninguém, e eles fazem parte da sua equipe principal, as pessoas com as quais você pode contar de maneira consistente.

As opiniões das pessoas desse grupo importam. Embora seu papel não seja fazer sua cabeça, suas opiniões, pensamentos e conselhos (mesmos os não desejados) são considerados válidos. Isso significa que se elas lhe falarem alguma coisa que não quer ouvir, você deve pelo menos considerar o que disseram.

Peixes que Vivem no Seu Aquário

Como está a situação de sua vida atual? Você divide sua casa com alguém? Se você mora com crianças pelas quais você é responsável, suas opiniões importam também. As pessoas que moram em seu aquário são, com frequência, impactadas pelas decisões que você toma. Sinta-se livre para adicionar as pessoas nas duas categorias se for aplicável.

Opiniões oferecidas pelas pessoas que compartilham seu ambiente ou sua casa é uma prioridade, porque as escolhas que você faz tem um impacto considerável sobre elas. Se alguém com quem você vive compartilha opiniões sobre uma escolha que está considerando, pense se e como essa decisão terá impacto sobre ele. Suas sugestões ou críticas podem não alterar o resultado de cada decisão que você venha a tomar, mas é importante levar em conta os efeitos que suas decisões podem ter sobre aqueles que compartilham sua vida com você.

Peixes em Aquários Vizinhos

Faça uma lista das comunidades das quais você faz parte. Isso pode abranger grupos sociais, religiosos, de mídia social, de apoio, e grupos familiares e de amigos com os quais você tem muito em comum. Essas pessoas vivem suas vidas lado a lado com você. Elas não estão em sua lista de alimentadores de peixes, então elas não fazem parte de seu círculo íntimo. Elas podem ser apenas conhecidos, colegas ou grupos de pessoas que você vê apenas ocasionalmente. Quanto aos contatos de mídia social, são pessoas que veem sua vida, principalmente por meio de seu feed.

Os peixes vizinhos, em geral, parecem estar indo muito bem. Quando você olha para o aquário deles, tudo parece bem, como se eles estivessem curtindo a vida de peixinho dourado. Eles têm mais árvores de coral do que o seu aquário, ou você pode notar que a água deles parece mais limpa que a sua. Em outras palavras, tendemos a nos comparar, em geral, negativamente com os peixes vizinhos. Eles podem parecer ter exatamente o ambiente que nos esforçamos para criar em nosso aquário há anos!

Depois de uma experiência traumática, pode se tornar um jogo torturante nos compararmos com pessoas que não estão vivendo a mesma coisa. Até mesmo nos compararmos com outros que viveram experiência semelhante não é útil. Não importa quão bem os outros pareçam estar, nosso caminho individual ainda é só nosso. As lições que aprendemos ao criarmos e recriarmos nossos cenários individuais são pessoais. Outra pessoa não pode aprender nossas lições e nós não podemos aprender as dos outros. Embora possamos, sem dúvida, compartilhar nossas experiências e lições, adquirir essa sabedoria é pessoal. Preste atenção em como você processa as opiniões que recebe de seus vizinhos — aqueles que podem estar vivendo uma vida paralela, mas que definitivamente não estão vivendo sua vida. Quando você olha para outros aquários, eles são uma inspiração ou um empecilho?

Leve em consideração as sugestões dos "peixes vizinhos" com base no quanto você conhece a pessoa que oferece as palavras de sabedoria. Por exemplo, você conhece alguém só pela mídia social, apenas de forma ocasional ou brevemente, ou apenas em um contexto impessoal. Em seguida, avalie se o conselho dado por eles é ou não prático e aplicável para você. Mesmo o bom conselho que funciona para outra pessoa pode não ser adequado a você. Faça de seus vizinhos uma parte de sua rede de apoio, em vez de usá-los como comparativos. Querer manter as aparências é um barco furado, mesmo para os peixinhos dourados.

Observadores de Aquário

Após qualquer evento traumático, os observadores aparecem — como aqueles que passavam de carro pela minha casa após a morte de Phil. São pessoas que são atraídas pela dor dos outros ou, simplesmente, ficam curiosos sobre como alguém irá administrar o desafio pelo qual está passando. Eles se alimentam da necessidade em saber o que você fará a seguir! Eles não fazem parte de nenhuma de suas redes de apoio e suas opiniões são, em geral, superficiais, porque suas opiniões não são com base em qualquer conhecimento pessoal. Ao contrário, eles fazem observações gerais baseadas no que eles viram ao observar seu aquário.

Será que eles podem ver algo do lado de fora que você não percebeu do lado de dentro? Claro, mas tenha em mente que a perspectiva deles é limitada. Eles só sabem o que viram de longe. Leve em conta também que seu impulso de observar os outros sugere falta de atenção às suas próprias vidas. Isso pode ser afirmado. As opiniões dos observadores de aquário devem ser consideradas com calma, visto que a pessoa que lhe forneceu opinião não lhe conhece verdadeiramente.

Peixes que Vivem no Oceano

Água salgada é fatal para o peixinho dourado. Qualquer peixe que vive no mar não pode se relacionar com a vida do seu aquário. Essa categoria é para pessoas cujas opiniões são compartilhadas sem que elas levem em conta seus sentimentos ou o tipo de relacionamento que tem com elas — como aquela pessoa que você trabalhou que gostava de lhe dar conselhos profissionais sem você pedir, ou o colega de trabalho, que você viu apenas duas vezes, e lhe disse em uma festa da empresa que você tem uma "energia ruim". Adicione a essa categoria qualquer um que não o conheça, que não tenha passado por uma experiência semelhante à sua, mas que tem uma opinião assim mesmo. Esses peixes vivem no oceano; eles não o conhecem.

Mas por que então criar um grupo com pessoas assim? Porque elas podem lhe afetar. Porque suas palavras podem fazer com que você questione suas decisões mesmo depois de ter passado horas, dias, ou semanas avaliando cuidadosamente a melhor escolha para você. Quando permite que peixes que vivem no oceano deem opinião em seu mundo de água doce, você está recebendo um parecer que (1) não se aplica a você e (2) pode ser prejudicial à sua capacidade de cura. Se, falando comparativamente, as pessoas vivem no oceano, deixe elas e suas opiniões lá longe. Você não precisa delas.

Monte Seu Aquário

Reveja a lista que fez das pessoas que participam de sua vida cotidiana e classifique cada uma em uma categoria apropriada. Escreva a designação perto de cada nome de sua lista.

Em seguida, quando precisar de um conselho ou apoio, volte-se para os alimentadores de peixes, os peixes que vivem no seu aquário e talvez os peixes vizinhos. Se alguém criticar uma decisão que tomou ou tem uma forte opinião de como solucionar um problema, lembre-se de qual categoria ele pertence. Se forem os observadores de aquário ou os que moram no oceano, as opiniões deles podem não ter qualquer importância. No entanto, se eles moram em seu aquário ou fornecem seu jantar, considere cuidadosamente seus conselhos antes de agir.

O propósito desse simples exercício é fornecer uma maneira rápida e despreocupada de classificar e considerar opiniões fornecidas por todas as pessoas de sua vida. Como um processo passo a passo, ele o ajudará a evitar ser invadido pelas opiniões, sugestões, julgamentos e críticas de outras pessoas. Ele o ajudará a ganhar perspectiva rapidamente e não dar o seu poder a outras pessoas. Igualmente valioso, esse modo de pensar o ajudará a evitar descartar opiniões atenciosas de pessoas que o conhecem e o amam.

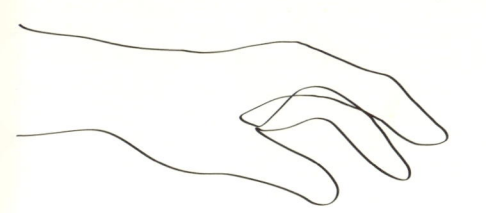

Explore

Abrace a Possibilidade

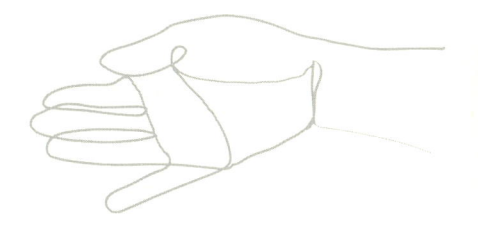

As primeiras três sessões deste livro são baseadas na premissa de que se você examinar com atenção e coragem uma experiência traumática dolorosa, uma que, quase com certeza, abrange alguns dos dias mais difíceis de sua vida, isso contribuirá para aliviar a carga que você carrega em seu coração. Esse processo inclui reconhecer as mudanças fundamentais causadas pelo trauma e dar espaço para o luto da vida que viveu e a pessoa que você era antes. Para isso, é preciso olhar para o abismo da ausência e sentir, intencionalmente, a tristeza.

Ao adotar essas medidas, você estará pronto para o resto deste livro, que trata de olhar adiante. Nas próximas quatro sessões, você terá a oportunidade de explorar sobre o que é possível, criar novos sonhos para o futuro, abraçar seu novo eu e começar a viver uma nova vida. Esse trabalho requer um tipo diferente de coragem de enfrentamento do trauma, uma vez que significa correr o risco de abrir seu coração de novo à alegria, ao amor e à possibilidade.

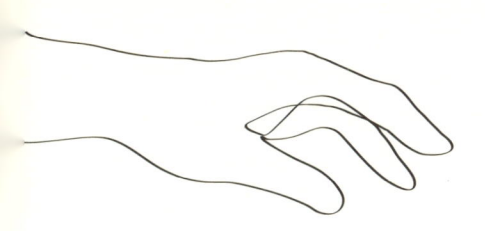

Capítulo 14

Abrindo a Mente e o Coração

A vivência de uma intensa experiência de mudança de vida é uma realização que merece reconhecimento e celebração. Por favor, agora pare um instante para homenagear a tenacidade e a determinação que você demonstrou para chegar a esse momento.

Você sobreviveu. E isso não é pouco.

Sobreviver requer força e garra. No entanto, minha esperança neste livro é ajudá-lo a fazer mais do que sobreviver. Quero que você aproveite e use esse poder para prosperar.

O obstáculo mais comum para viver uma vida plena e significativa é o medo de mais dor. Como todos acabam aprendendo, os sonhos não têm garantia. Se não percebemos isso antes de um trauma de mudança de vida, faremos depois, quando o desapontamento for de partir o coração. Depois de sobreviver a uma experiência que destroça a vida, a ideia de criar uma vida diferente com base em novos sonhos pode parecer inútil. Por que correr o risco de expressar nossos desejos, esperanças e aspirações se isso pode apenas levar à mais angustia?

Após a morte de Phil, eu fechei meu coração. Pensando nisso agora, meu coração se tornou algo parecido com um Transformer. Aperte um botão e meu coração humano se tornava um carro de aço de corrida superlegal que se materializava num segundo. Meu Porsche Speedster fugia de qualquer emoção que ameaçava me magoar. Meu carro de corrida Transformer era vermelho, é claro.

Esse bloqueio emocional aplicado não apenas ao amor romântico, mas todas as formas de carinho, entusiasmo e alegria. Se uma emoção chegasse com possibilidade de desapontamento, eu não estava interessada. Eu até trocava o canal da televisão para evitar ver propagandas que eram comoventes demais. Nem pensar. Nada chegaria perto do meu coração; disso eu tinha certeza. Se mostrassem muita emoção perto de mim, era possível ouvir o clique metálico característico da minha metamorfose em um carro de fuga.

Esconder minha dor era algo comum para mim, até mesmo confortável depois de um tempo. Cresci acostumada a afastar o desapontamento com a ilusão de segurança que meu coração Porsche vermelho me proporcionava. Levei anos para perceber que eu não estava me fechando para a dor ou limitando minha vulnerabilidade, eu só estava me impedindo de vivenciar de forma plena a vida que estava bem diante de mim.

Evitar emoções positivas é uma ação sutil e furtiva de autoproteção. Podemos nos enganar pensando que se nunca esperarmos que nada de bom aconteça, então não seremos surpreendidos ou magoados, quando algo ruim acontecer de fato. Quando estamos presos a essa forma de pensar, nós nos treinamos a esperar o pior. Em vez de esperar pelo melhor, evitamos todas as expectativas positivas. Um bloqueio emocional cria uma fachada de segurança, a qual nosso coração anseia. Não sentir nada além de dor cria a ilusão de que nenhuma outra dor poderá ser sentida.

Quando sofremos uma desilusão, às vezes tememos o que é bom. Tememos irreverência e alegria. Tememos diversão e animação. Tememos permitir que nossos corações acelerem. Tememos nos apaixonar ou que alguém se apaixone por nós. Tememos mudanças, dor e desapontamento — porque já passamos por tudo isso e nosso principal objetivo é jamais sentir essa dor de novo.

E o seu coração? Você construiu uma fortaleza em torno dele? Se construiu, eu compreendo de formas que palavras não podem explicar. O problema é que bloquear o coração proporciona apenas uma ilusão de segurança. Nossos corações não podem ser resguardados evitando emoções positivas, excluindo pessoas que amamos ou se recusando a participar da vida, passando pelos movimentos da vida sem se envolver plenamente.

Ao contrário, a armadura que pensamos estar nos protegendo da dor futura está, na verdade, apenas nos afastando da alegria enquanto nos mantém no sofrimento atual.

Para nos livrar da dor, temos que abrir nossos corações. Temos que nos envolver no jogo. Temos que tentar coisas novas. Temos que amar. Temos que nos arriscar com a dor da decepção para dar lugar ao incrível presente da possibilidade.

Quando paramos de deixar o medo dirigir nosso caminho, uma infinidade de direções possíveis aparece de repente. Em sua vida, se o medo de fracassar, de se magoar ou a decepção não fossem um fator, o que você faria? Para onde iria? Quem você levaria com você?

Quando acolhemos a possibilidade, nos colocamos no fluxo da criatividade. Quando abrimos nossa mente e coração para o que poderia ser, as perguntas levam às respostas, as respostas levam à ação e a ação leva a uma possibilidade ainda maior. Quando tomamos a poderosa decisão de começar de novo, a liberdade que vem da aceitação de nosso novo eu e a confiança que adquirimos por meio da sobrevivência se tornam nosso patrimônio mais valioso.

Eu sei por experiência própria que isso é mais fácil de reconhecer do que realizar. No início, pode parecer impossível prever um futuro positivo que abrange o passado, mas não é ofuscado por ele. Podemos nos convencer que os sonhos nunca se tornarão realidade. A comprovação de nossa própria experiência traumática é que os sonhos podem se tornar pesadelos sem qualquer aviso prévio. O pensamento de recriar nossas vidas pode parecer muito mais assustador do que viver o que já conseguimos sobreviver. Não só a esperança é assustadora, mas podemos nem saber pelo que ter esperança. Podemos questionar, é possível ter esperança quando não se pode definir o que se quer? Como podemos manter a esperança se não acreditamos mais em resultados positivos?

Nas primeiras semanas e meses depois da morte de Phil, eu só esperava poder sobreviver. Tinha esperança que, de alguma forma, a experiência pela qual estava passando se tornasse suportável. Esperava que a tristeza que sentia a cada minuto não me dominasse e deixasse uma concha vazia no lugar da mulher vibrante que eu era antes. A cada dia, minha esperança se transformava. Alguns dias, eu tinha mais; em outros, menos; mas, na maioria do tempo, minhas inspirações de esperança não se estendiam muito além das 24 horas seguintes.

À medida que eu continuava a lidar com a realidade do cotidiano de minha vida sem Phil, eu percebia que minhas esperanças estavam mudando. Lentamente, eu descobri que queria viver. Eu não queria que minha viuvez fosse a única experiência que moldasse o resto de minha vida. Eu comecei a ter esperança de que pudesse desenvolver coragem para me importar.

O desejo de uma vida com significado não chegou como uma inspiração plenamente formada, mas como um sussurro sempre que meu interesse era despertado por um projeto ou quando um amigo me fazia rir. A possibilidade se tornou o que eu esperava, embora eu não tenha certeza que seria capaz de expressá-la dessa forma na época. Saber que eu queria uma vida que fosse mais leve e gratificante do que a que eu estava vivendo era o suficiente. Esperar por mais era o suficiente; mais risadas, mais diversão, mais alegria, mais amizades, mais amor, mais compaixão, mais empatia.

Temos que escolher o que queremos mais em nossa vida. Quando soubermos, a esperança aparece. Assim que determinamos quais partes de nossa vida atual não nos serve mais, elas podem ser deixadas de lado. Deixá-las nos libera mais espaço para novas ideias, novas paixões e novos sonhos. É importante que pergunte a si mesmo: o que você quer fazer, ser, ter mais em sua nova vida? Para transformar a sobrevivência em prosperidade, faça algo que nunca fez antes, o que desperta seu interesse agora, ou volte a ter um *hobby* que amava antes. O que está sendo sussurrado para você? O que preenche sua alma? Fazer esses questionamentos com a mente e o coração abertos incentiva uma exploração despreocupada de novas experiências que podem levar a interesses e paixões surpreendentes.

Mantenha essas perguntas e quaisquer respostas que surjam em mente à medida que você avança para a próxima etapa desse processo: examinar seu atual estilo de vida para descobrir se a maneira como está vivendo sua vida agora favorece a evolução do seu novo eu.

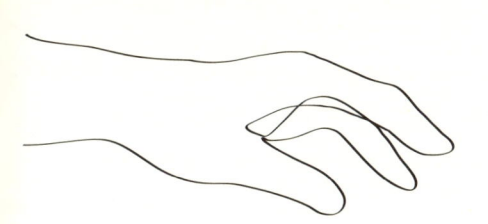

Capítulo 15

Estruturação de uma Vida Inesperada

Enquanto lutava para me adaptar às mudanças ocorridas pela morte de Phil, muitas vezes eu dizia que as únicas pessoas viúvas que conhecia pessoalmente eram minha avó e minha tia-avó, e as duas morreram antes de eu me tornar viúva. Essa declaração expressava meu sentimento de estar sozinha em minha recente viuvez. Eu não conhecia ninguém em meu mundo da época que compartilhasse a experiência de sobreviver à perda de um parceiro. Mas, por baixo dos meus sentimentos de solidão e intenso desejo de encontrar outra pessoa viúva, havia uma verdade maior: eu não respeitava muito a minha avó. Eu a amava, mas ela nunca foi uma pessoa que eu admirei ou quisesse me espelhar.

Meu avô, John Neff, tinha uma personalidade dominadora. Ele lutou contra o alcoolismo quando mais jovem e dizia que encontrar os Alcoólicos Anônimos e seguir os 12 passos salvou sua vida. Na época em que eu nasci, ele já estava sóbrio há quinze anos e era líder no

AA. John Neff era um nome conhecido local e nacionalmente; ele apadrinhou inúmeras pessoas que lutavam contra o vício em álcool e fazia palestras pelos Estados Unidos sobre o poder do processo do AA. Alto, robusto, direto, encantador — se estivesse na mesma sala que ele, você perceberia.

Ao mesmo tempo, poderia levar mais tempo para notar sua companheira dedicada, Elsie Jayne Neff, conhecida por sua família como Jayne e pelos seus netos como vovó Neff. Ela era uma mulher completamente focada em seu marido, ele tomava todas as decisões e dirigia suas vidas em todos os aspectos. Uma das contribuições regulares de minha avó à parceria deles era a criação de trajes feitos à mão para que usassem em viagens ou em eventos especiais. Ela queria que o fato de estarem juntos fosse claro.

A vovó Neff era a epítome de uma vovó doce, mas atrevida. Suave, despretensiosa, simpática, mas ela lhe metia a mão se você não se comportasse perto dela. Parte da história da família era que ela sofreu um trauma no cérebro precocemente. A vovó sempre nos dizia que ela "não estava muito bem", quando ela tentava falar uma palavra que não se lembrava, lutando para expressar seus pensamentos ou brigando para compreender um conceito descrito por alguém.

Quando eu tinha idade suficiente para me lembrar dela, ela foi diagnosticada com diabetes. Entre os adultos, havia discussões frequentes sobre seu consumo de açúcar. Ela sempre pedia aos netos: "Traz um pedaço de bolo para mim." Meus irmãos e eu éramos seus traficantes de açúcar e, quando entregávamos o doce, ela piscava e dava uma mordida antes de algum adulto perceber. Embora eu me lembre de ela "tomar injeção" diariamente, como criança eu não tinha o conceito dos desafios de viver com diabetes. Se na época me perguntassem, eu diria que o vovô estava cuidando da saúde da vovó. Ele aplicava a insulina, escolhia suas refeições, ficava de olho no que ela estava comendo e a repreendia pelo descumprimento.

Quando eu tinha cerca de 12 anos, meus avós começaram a viajar pelos Estados Unidos em seu trailer. Eles planejaram as viagens de acordo com a programação de palestras do vovô para o AA. Verdade seja dita, a vovó fez casacos iguais para eles com o mapa dos Estados Unidos nas costas. Quando eles viajavam para um estado novo, ela o bordava com linha colorida brilhante. Ainda posso ouvir o orgulho na voz dela quando recitou os nomes dos estados que eles tinham explorado, apontando para cada um em seus casacos de brim.

John e Jayne passaram oito anos vivendo no trailer, viajando para qualquer que fosse o estado na programação de palestras, concentrados na forma de vida que queriam levar. Até o dia que encontraram um nódulo no pescoço do vovô, enquanto estavam no Novo México. Essa descoberta mudou tudo — o nódulo que acharam era um sinal de câncer de pulmão em estado avançado. Eles voltaram para casa, estacionaram o trailer na garagem de um amigo e ele morreu dois meses depois.

Na época, eu estava com 20 anos, noiva há pouco tempo e completamente sem ideia da experiência que a esperava ao ficarmos de pé ao lado dela, enquanto enterravam o amor de sua vida. Seus olhos estavam secos, impassíveis, firmemente agarrada ao meu pai. De imediato, ela olhou para ele e para meu tio Tom para preencher o vazio deixado pela morte do marido.

Eu não me surpreenderia se ela tivesse feito roupas iguais para eles usarem em seu funeral. Na época de sua morte, eles já estavam casados há 49 anos e 8 desses anos eles tinham viajado pelos Estados Unidos juntos, vivendo o tempo todo em um trailer, em bancos lado a lado. Eles tinham sido inseparáveis e agora ela estava sozinha.

Todos que conheciam Jayne se preocupavam em como ela viveria sem John. Ele cuidava das contas, planejava suas viagens, cuidava de tudo relacionado com o trailer e escolhia o que eles assistiriam e para onde iriam. Ela esteve literalmente sentada no banco do passageiro. Agora ela estava no banco do motorista e não tínhamos certeza se ela sabia dirigir. Em um só golpe, ela ficou sem casa e sem marido — e suas pernas não eram longas o bastante para alcançar os pedais do trailer.

A única coisa que a maioria das pessoas sabia sobre Jayne era que era casada com John. Sua história era a história dele, e quase todos tinham certeza que, sem ele, ela pereceria. Em vez disso, ela seguiu adiante e mostrou a todos nós que duvidávamos que ela poderia e criaria uma nova vida sozinha.

A casa na qual os filhos de John e Jayne cresceram foi vendida quando eles caíram na estrada. Jayne queria ficar com a casa como um ponto de apoio, mas John não concordou. A opinião dele venceu. Isso a deixou apenas com o trailer como casa, quando ele morreu ela não tinha interesse em viajar sem ele. Ela queria viver na cidade onde passou a maior parte da vida e estar presente nos eventos familiares que, em geral, perderam quando estavam viajando. Fundamentalmente, ela tinha preferências e, de repente, ela não tinha receio de torná-los conhecidos.

Passo a passo, ela se estabeleceu em uma vida diferente. Primeiro, ela se mudou para uma casa móvel perto da casa dos meus pais e tomou posse dela espalhando bibelôs por todo canto. Ela comprou um cachorro para lhe fazer companhia, fez amizade com os vizinhos e começou a fazer aulas de pintura, embora fosse mais para encontrar com as pessoas do que para aprender a pintar. Seu desinteresse na sutileza de passar o pincel na tela, em geral, terminava em cansaço no meio de um projeto e ela acabava pedindo ajuda de seus colegas de sala para completar sua obra-prima. O fato de não ser uma artista não diminuía seu entusiasmo pelo processo ou pelos resultados. Depois de um tempo, cada quarto em sua casa estava coberto da arte original de Jayne Neff.

Um ponto de conflito entre a minha avó e meu pai era sobre ela dirigir. Ela era uma motorista horrível e, por pelo menos oito anos, ela não ficava atrás de um volante, mas ela queria a liberdade que dirigir oferecia — ela tinha lugares para ir. Uma de suas primeiras compras foi um carro que ela podia dirigir de maneira confortável, mas a falta de prática levou a "pequenos acidentes" que a tornou um perigo na rua. Em um momento, ela precisaria renovar sua carteira de motorista, mas, para fazer isso, ela teria que passar no teste de direção.

Meu pai não queria que vovó dirigisse, mas ele não estava preocupado. Ele se sentia confiante de que ela não passaria no teste para renovar a habilitação. Depois de inúmeras tentativas, ele deixou de levá-la ao departamento de trânsito, presumindo que assim ela acabaria desistindo da campanha para renovar a carta. Para não se frustrar, ela contratou um jovem vizinho como chofer. Depois ela deu uma nota de cem dólares para o examinador (eu imagino que ela deve ter dado também uma de suas piscadinhas de olho características) e, milagrosamente, ela passou no teste na 25ª tentativa. Com sua nova habilitação em mãos, ela bateu na traseira de alguém logo depois de sair do estacionamento do departamento de trânsito. Ela ficou muito perturbada quando essa batida acabou com sua carreira de motorista.

Vovó ia às aulas de pintura e jardinagem, assistia todas as peças escolares e ia a eventos de família — ela estava, de forma clara e inesperada, feliz. Ela aprendeu a pagar as contas, a cuidar de sua diabetes, cuidar das tarefas da casa e assistir o que gostava na televisão. Mas o desenvolvimento mais surpreendente da vida refeita da vovó era que ela tinha começado a ir à igreja. Intencionalmente.

John Neff foi criado em uma casa católica/metodista. Sua mãe morreu quando ele era novo e as irmãs mais velhas queriam se assegurar que a fé católica dela permanecesse como parte da vida do filho, então elas faziam com que ele fosse à missa todo domingo. Quando o pai casou de novo, a madrasta metodista de John exigiu que ele participasse dos cultos com ela além de ir à missa. Depois de anos fazendo as duas coisas todo domingo, John decidiu que não colocaria os pés em uma igreja de novo — e nunca pôs. Isso, é claro, significava que minha avó, cuja vida não incluía a prática regular de religião, não ia a nenhuma igreja também. O que nós sabíamos é que meus avós eram oposicionistas ativos à religião organizada.

A família na qual cresci ia regularmente à igreja local. Minha mãe foi criada na Igreja Católica e assim, meu pai descobriu o valor e o senso de comunidade ali também. A fé católica abrange ritos de passagem para crianças ao longo de suas vidas, e, embora meus avós fossem às festas e comemoração pelos marcos religiosos conquistados pelos netos, eles não iam aos cultos da igreja.

Depois que vovô faleceu, meu pai começou a convidar a vovó para ir à igreja com a família aos domingos como forma de incluí-la em nossa vida diária. Nessa época, eu morava sozinha e a notícia que a vovó estava indo às missas chegou a mim indiretamente. O que começou no sentido de manter Jayne ocupada se tornou um lugar onde ela criou sua própria comunidade. Como viveu por décadas dentro da estrutura social criada pelo seu marido, ela não só desprezou suas fortes crenças sobre a religião organizada, mas também desenvolveu seu próprio sentimento de pertencimento dentro da comunidade da igreja. Seu desejo de construir uma vida que refletia seus novos valores superou qualquer hesitação que ela possa ter sentido ao criar uma vida bem diferente. Assim, ela escolheu ser batizada na Igreja Católica — a mesma que meu avô não entraria não importasse quem estava sendo batizado ou recebendo um sacramento.

Eu nunca me esquecerei de quando meu pai me disse que vovó seria batizada. Ah, oi? Parte de mim imaginava se ela compreendia de verdade o que estava fazendo. Mas também me lembro muito bem do dia de seu batismo. Ela estava radiante. Estava orgulhosa, feliz e inserida. Ela estava se sentindo bem.

Daí por diante, vovó estava na igreja com mais frequência do que qualquer membro da minha família. Ela trabalhava no banco de alimentos, ia aos encontros da terceira idade, era membro regular dos comitês de serviço e ia às aulas de estudos da bíblia (apesar de ser disléxica) e a grupos de artesanato. Ela achou que Deus era legal, mas ela não estava muito preocupada com os aspectos religiosos da igreja; ela estava lá porque encontrou sua tribo. Essa comunidade ficou com ela até o final de sua vida, oito anos depois da morte do marido. Vovó viveu bastante naqueles anos, durante os quais ela não apenas encontrou religião e comunidade, mas também acessou o poder da integração de uma maneira que poucos que conheci fizeram com tanta eficácia.

Enquanto eu estava vivendo minha vida de jovem adulta, criando três crianças maravilhosas durante meu primeiro casamento, vovó estava se refazendo e eu nem tinha percebido.

Então, após a morte de Phil, viajei os Estados Unidos por anos, buscando exemplos de pessoas viúvas que prosperaram depois da morte de seus parceiros — mas sem considerar, nem por um instante, a única viúva que tinha conhecido de verdade. Toda vez que mencionava minha avó, só o fazia para ilustrar e expressar quão sozinha me sentia na viuvez. Contava a história de um eu de coração partido que tinha ficado apenas com sua avó e tia-avó como exemplos de vida na viuvez. Até então, eu nunca tinha tido tempo ou me esforçado para conhecer a nova pessoa que minha avó se tornara, porém, no final, comecei a perceber que minha avó não apenas sobreviveu à viuvez, mas de fato prosperou após a morte do homem que havia ditado todas as suas escolhas por quase cinquenta anos. Quanto mais eu pensava na forma que ela viveu sua vida após um evento traumático que muitos pensavam que poderia matá-la, mais eu imaginava de onde ela tinha tirado forças para refazer sua vida.

Para descobrir a resposta de onde ela tirou coragem e determinação, eu voltei ao passado e descobri que tinha muita coisa que eu não sabia sobre minha avó. Tanto tempo procurando uma mulher que me inspirasse um modelo de sobrevivência e prosperidade na viuvez, que esqueci a mais óbvia.

Vinte anos depois da morte de minha avó, uma busca genealógica levou a um homem que ao nascer foi adotado por um convento, desencadeando uma descoberta surpreendente. Jayne engravidou aos 15 anos no final dos anos de 1940. Naquela época, uma garota em sua situação era, em geral, enviada para um convento para dar a luz e então forçada pelos adultos ao seu redor a dar o bebê para a adoção. Ninguém sabe se ela teve escolha sobre o destino da criança, ou como ela se sentiu ao ser separada da família e abrir seu caminho com uma gravidez não planejada na companhia de desconhecidos.

Podemos ter uma pista para o estresse emocional e físico no que aconteceu dias depois do nascimento de seu filho. A razão de vovó "não estar muito bem" pelo resto da vida foi que ela tinha sofrido um AVC depois de dar à luz aos 16 anos — em um lugar longe de casa, a uma criança que ela não conseguiria cuidar.

O AVC foi importante e a impediu de viajar. Quando conseguiu voltar para casa, ela já estava fora há quase um ano. Saltando para seu aniversário de 17 anos, ela estava casada e grávida de outro filho. Só posso imaginar como deve ter sido estar grávida de novo e o quanto ela sofria pelo filho que ela teve de dar. Depois vieram mais dois filhos com dezoito meses de diferença entre eles.

Quando completou 21 anos, Jayne já tinha sofrido um AVC, dado à luz a quatro crianças e descobriu que o homem com quem ela casou era alcoólatra.

No dia de natal, quatro anos depois, meu avô levou dois dos seus filhos para buscar um familiar que jantaria com eles. Como estava bêbado, ele se envolveu em um acidente de carro sozinho, o que levou à hospitalização dos dois meninos. Jayne deu um ultimato a John — pare de beber ou nos divorciamos. Até hoje, digitar essas palavras me causa estranheza. Não consigo imaginar vovó se opondo ou mandando no vovô de alguma forma. No entanto, foi o que ela fez. Ela falou para ele ficar sóbrio ou dar o fora, e falou a sério, sabendo que um divórcio significaria para ela. O ano era 1954 e ser divorciada era considerado escandaloso. Ela sabia que deixar o marido a tornaria uma mãe solo com três filhos, ela teria que descobrir como alimentá-los e dar uma casa para eles, sem nunca ter trabalhado antes. No final, John escolheu pedir ajuda e, ao se firmar na recuperação, seu papel como chefe da casa foi consolidado pelo resto de suas vidas.

Dez anos depois, a vida deu uma virada trágica. Peggy Jayne, sua filha do meio, foi diagnosticada com tumor no cérebro. Nos três anos seguintes, ela fez repetidas cirurgias. Por três diferentes vezes, teve que reaprender a caminhar e falar e sofreu com tratamentos intensos durante a procura incessante pela cura. Vovó conseguiu um emprego para ajudar a pagar as contas médicas, cuidar das tarefas de casa e cuidar de sua filha que morria. Enfim, a vida de Peggy Jayne se foi aos 19 anos, dois anos antes de eu nascer.

Quando meu avô morreu, a dor não era nova para Elsie Jayne Neff. Ela já era uma sobrevivente, e eu não sabia. A doce e ousada vovó que eu conhecia não tinha apenas vivenciado gravidezes na adolescência, tido um AVC com efeitos permanentes, dado seu primeiro filho para a adoção e casado com um alcoólatra, mas também passado pela doença severa e morte da filha do meio — tudo antes de eu nascer. Cada dificuldade que Jayne suportou a ajudou a sobreviver à próxima.

Elsie Jayne se mostrou um poço de coragem que todos ao redor duvidavam. Ela não desistiu da vida quando isso parecia ser o mais fácil. Ela desafiou as normas que foram padrões em sua vida anterior e explorou novas ideias — criou uma comunidade por si só que refletia os novos valores que ela adotou.

Por mais de trinta anos eu vi a vida de minha avó com os olhos de uma criança. Sua coragem e determinação só se tornaram claras para mim quando comecei a escrever este livro. Elsie Jayne Neff é sua própria história, ela incorpora o poder de pensar fora da caixa para reconstruir uma vida destruída. Ela abraçou seu novo eu sem reservas. Ela permitiu se envolver — tornar-se uma pessoa diferente depois da morte do marido. Eu me apaixonei pelo conceito de integração antes de perceber que minha avó o consagrou. Ela usou as ferramentas que adquiriu no passado para sobreviver a adversidade no presente e construir um futuro significativo.

Quem me dera minha avó ainda estivesse viva, assim eu poderia dizer que agora eu a conheço. Estou impressionada pela sua tenacidade e inspirada pela sua coragem. Espero que ela saiba o quanto sou grata por ter me proporcionado um exemplo tão poderoso e pessoal de como viver cada momento que nos é dado.

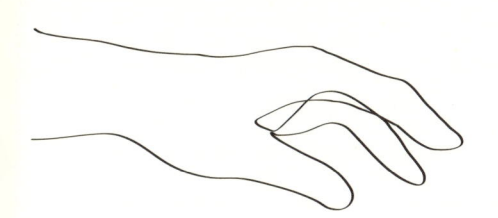

Capítulo 16

Escolhendo Crescer

Quando você começa a construir uma vida depois de uma experiência traumática, procure por exemplos de pessoas que passaram por desafios similares — e prosperaram. Leia suas histórias. Conheça as adversidades que elas superaram. Explore essas histórias em livros, vídeos ou tomando um café com alguém. Ser apresentado a outros que sobreviveram ao impensável personifica a esperança. Se a pessoa que você está conhecendo pode sobreviver a uma tragédia de mudança de vida, então você também consegue. A prova está no sucesso próspero de outras pessoas. A esperança se torna mais do que um conceito quando um sentimento poderoso de possibilidade é representado por outro ser humano. Quando lutamos para acreditar em nossa própria habilidade de prosperar, podemos nos apoiar na confiabilidade oferecida por outros que o tenham feito. Testemunhar a evolução de outra pessoa faz o crescimento parecer possível.

A história de Elsie Jayne Neff é exemplo de uma pessoa que recriou sua vida várias vezes depois de experiências traumáticas. Toda vez que ela era derrubada pela vida, ela se levantava. Cada vez era empurrada para a beira do abismo por um novo desafio, ela se apoiava no que as experiências passadas a tinham ensinado para sobreviver. Minha avó se armou de um grande arsenal de ferramentas para lidar com traumas que ela utilizou por toda vida, mas eu nunca o conheci. A vovó Neff foi um exemplo importante da integração em ação.

Jayne teve uma vida simples. Ela não abriu uma instituição, não tinha estudado muito, nem completou o ensino médio. Ela não construiu uma carreira ou começou um movimento. Sua vida próspera foi pessoal e profunda. Ela foi sutil, quase secretamente vitoriosa diante de cada obstáculo.

As lições mais importantes ensinadas pela integração se misturam com nossa vida cotidiana. A integração é uma prática diária que o ajudará a construir uma vida que você ame, muito parecido com o que minha avó fez. Sua evolução se desenrolou diante dos meus olhos, e eu nem percebi, porque à distância ela parecia estar vivendo sua vida. Às vezes eu ficava surpresa com relatos de como ela estava se saindo bem. O fato de que ela estava aproveitando um momento em sua vida, que a maioria das pessoas supunha ser repleta de tristeza e saudade, foi muitas vezes negligenciado. Mas ela não se importava com quem estava observando; continuou construindo uma vida que lhe interessava em silêncio. Esse é o objetivo da integração, usar as lições e ferramentas desenvolvidas pelas nossas experiências passadas para construir uma vida que nos interessa.

Nunca saberei ao certo o quão consciente minha avó era do papel desempenhado pelo passado em seu presente, ou no futuro, à medida que ela foi passando pelos últimos grandes desafios de sua vida. O que eu sei ao certo é que Jayne se apoiou em tudo que as diversas experiências de vida lhe ensinaram enquanto ela a reconstruía. Ela viveu com e por meio da infelicidade, da dor, do desgosto de forma repetida. Talvez o passado a tenha ensinado a aproveitar ao máximo as oportunidades que tinha à sua frente. Os desafios que superou podem tê-la ensinado a agarrar a alegria sempre que possível. Quem me dera eu pudesse perguntar a ela. Eu adoraria ouvir sua história com suas próprias palavras, mas suspeito que ela menosprezaria sua coragem. Ela poderia me dizer que não teve escolha nessas situações a não ser seguir adiante.

Muitas pessoas que viveram um trauma dizem essas palavras para mim como se o resultado da situação fosse preestabelecido. Eu discordo. Sempre temos escolha de como viver nossas vidas. Seguir em frente com coragem passando pelas consequências de um evento traumático não é uma conclusão óbvia; é um trabalho excepcionalmente difícil. Podemos escolher por fazer o esforço que o crescimento requer, ou escolher por nos encolher em nossa dor. O poder de escolher nosso caminho é nosso. Cada minuto traz uma oportunidade de escolher entre o sofrimento e a evolução. O pêndulo da escolha balança entre encolher-se com a dor ou saltar para o crescimento com uma enorme variedade de experiências nesse intervalo. O importante é se lembrar de que o crescimento é uma escolha que promove um movimento lento e constante em direção à esperança e à renovação.

Essa oportunidade de escolher o crescimento todos os dias pode ser perturbadora ou até dolorosa. Podemos estar exaustos. Viver com um trauma tem esse efeito. Já que a dor que sentimos, em geral, não foi escolha nossa, dizer que somos responsáveis por criar uma nova vida, pode nos deixar irritados. Principalmente se amávamos nossa vida anterior. Todo sentimento é válido. Não faz mal ficarmos perturbados ou irritados, frustrados e tristes. Apoie-se nesses sentimentos e lhes dê espaço para serem processados, experimentados e honrados. Depois se aprofunde no poder da sobrevivência e escolha crescer. Não tudo de uma vez, não necessariamente de forma linear, mas para criar uma nova vida, temos que escolher crescer.

Lembre-se, não precisamos fazer isso sozinhos — e espero que você não faça. A evolução pode ser uma equipe de esporte, mesmo quando estamos trabalhando em nosso próprio projeto. Esse é o poder das histórias de sobrevivência. Quando a luta de uma pessoa ressoa com a nossa, podemos usar essa evolução como inspiração.

Embora as histórias de sobrevivência não forneçam um mapa exato de navegação para nossa cura, o exemplo de outro ser humano que conseguiu prosperar — não apesar de sua dor, mas por causa dela — funciona como uma descoberta de um farol no meio da tempestade. Nosso objetivo não é seguir o roteiro exato de outros barcos, mas em direção ao farol à medida que avançamos em nossa própria tempestade.

A inspiração pode ser encontrada em lugares inesperados. Em vez de procurar histórias com prosperidade em grande escala, olhe para as pessoas em sua própria vida. Pergunte a si mesmo pelo o que elas já passaram. Eu viajei o mundo, peguei aviões, trens e carros para locais próximos e distantes para conhecer pessoas viúvas e gravar o que elas aprenderam em suas jornadas pela dor e tristeza. Eu queria muito conhecer pessoas que reconstruíram vidas significativas. Eu queria saber como conseguiram pegar os caquinhos de sua vida passada e deixá-los belos de novo.

Fiquei chocada ao descobrir um exemplo forte de uma pessoa próspera pós-trauma sentada em uma poltrona assistindo novelas em sua casa móvel rodeada por quadros em acrílico de Jayne Neff & Co. Minha avó viúva encontrou uma forma de se tornar a única coisa que ninguém pensou ser possível após seu marido falecer — feliz.

Escolher o crescimento significa pegar as lições difíceis conquistadas com a tragédia e reconstruir um novo eu. Como Jayne, cada recriação que passamos indica nossa capacidade de sobrevivência e nos oferece oportunidade de prosperar com novo poder, novas intenções e novo foco.

Procure seu farol, siga a luz e escolha estruturar uma vida que lhe interessa.

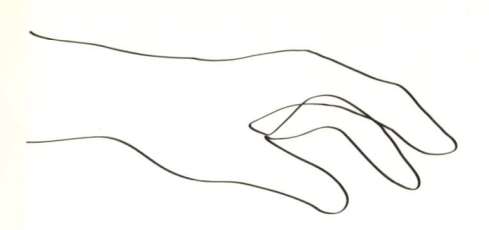

IMAGINE

Sonhar um Novo Sonho

Sonhar um novo sonho depois de passar por uma experiência transformadora requer a coragem de admitir a dor e a angústia da decepção. Mas, em vez de usar essa dor como justificativa para evitar o crescimento, é possível sonhar novamente usando a dor que nos mudou como um catalisador para a expansão e a transformação.

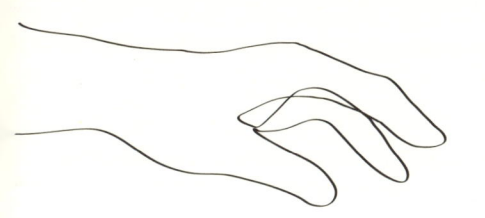

Capítulo 17

A Coragem de Sonhar

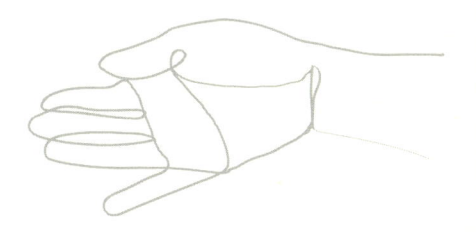

Sonhar costumava ser fácil. Quando eu era criança, sonhava em ser professora. Lápis com pontas bem apontadas faziam meu coração se alegrar, e eu amava limpar os apagadores do quadro negro da escola, sair lá fora para bater os bloquinhos com feltro, enquanto me imaginava diante da sala liderando uma classe de alunos ansiosos. Quando imaginei minha vida adulta, eu nem considerei a ideia da decepção. Na juventude, tudo parecia possível.

Eu percebo agora como tive sorte em viver naquele mundo de possibilidades. Nem toda infância tem um lugar seguro para sonhar. Nem todos desfrutam a noção de segurança que sugere que o mundo é um lugar de oportunidades. Quando a decepção chega cedo na vida esmagando as ambições dos jovens, as pessoas podem achar que conquistar algo maravilhoso é ridículo ou até perigoso.

Nosso relacionamento inicial com a decepção desempenha um papel em nossa capacidade de olhar para o futuro com esperança. Esse é um exemplo perfeito de como nosso passado molda nosso presente e futuro. Se as experiências passadas mostram que as coisas boas são parte de nossa vida, aprendemos a esperar coisas boas no futuro. Se a vida incluir uma série de desafios e desilusões, aprendemos a esperar coisas ruins. E quando a vida inclui uma experiência traumática significativa que altera nosso mundo inteiro, tanto o presente quanto o futuro podem parecer sombrios pela perspectiva de um coração partido.

Viver um trauma, às vezes, leva a uma mentalidade derrotista. A experiência nos diz que a esperança pode ser esmagada e a dor resultante deve ser evitada. Pode ser fácil cair na armadilha da tentação de evitar desilusões pressupondo que tudo tem um final ruim. Fazer essa suposição é como antecipar a dor. Se presumirmos o pior e estabelecermos nossas metas muito baixas, a mágoa não pode nos surpreender. Se acreditarmos que estamos derrotados antes mesmo de começar, um possível fracasso é um resultado confortável e esperado.

No entanto, as experiências que mudam nossa vida de formas positivas alteram a narrativa. Considere o desenvolver de sua própria história. Sua infância e sua criação, sem dúvidas, tiveram desafios, fracassos, acidentes e resultados terríveis, mas quase com certeza também tiveram momentos de contentamento e felicidade, sucessos e alegrias surpreendentes. Isso demonstra que coisas maravilhosas podem acontecer depois de coisas difíceis.

Um problema ou mesmo uma série de dificuldades não impede a possibilidade de maravilhas esperando ali na esquina. Toda experiência positiva que vivemos hoje torna-se parte de nosso passado amanhã. A nossa narrativa do passado é estruturada e reestruturada todos os dias. Sem dúvida, nossas vidas estão sujeitas a lutas e triunfos. No entanto, muitas vezes, as experiências que nos moldam são as mais dolorosas.

Viver um trauma muda a forma que caminhamos no mundo, enquanto até nossos sucessos mais triunfantes têm menos possibilidade de mudar nossos hábitos diários. Evitar a dor é um forte motivador. Experiências terríveis sussurram alertas em nossos ouvidos sobre possíveis perigos nos esperando em cada esquina.

Então o que fazemos com esse vislumbre de esperança que brilha debaixo da porta quando fechamos as possibilidades? Quando a vida nos chama para frente, como respondemos?

Abraçar um novo sonho requer não só coragem, mas também a vontade de enfrentar de novo a decepção — porque, é claro, isso pode acontecer. Imagine cada novo sonho como uma moeda na qual cada lado represente uma bela realização e uma grande decepção. Essas duas possibilidades mudam toda vez que jogamos a moeda para o alto. Não tem como saber qual lado da moeda cairá para cima. Claramente, a vida não oferece garantias. No entanto, na verdade sabemos que se sentir seguro com a nossa dor não abrirá a porta para o que poderia acontecer.

Em um esforço para evitar a desilusão, acabamos por esmagar oportunidades — mesmo que cada lançamento da moeda tenha a mesma probabilidade de cair do lado bonito da realização. Esquecer que nem todas as surpresas são dolorosas é um efeito colateral de passar por algo horrível. Uma vez que experimentamos uma dor incapacitante, muitas vezes esquecemos que algumas experiências de mudança de vida são cheias de alegria e fascínio.

Construir uma nova vida exigirá que acreditemos no poder de nossos sonhos.

A coragem de abraçar e nos deleitar de verdade com nossos sonhos é vital. Viver um sonho sem realmente abraçar a maravilha da experiência é possível — assim como nadar na superfície de um lago, mas não mergulhar nele também é possível. No entanto, se nunca mergulharmos nosso corpo por inteiro, nunca experimentaremos a emoção de nadar na água cristalina ou da incrível leveza de flutuar. Um sonho que não tem comprometimento pleno de nossa mente, coração e corpo definhará. A fim de criar uma nova vida, temos que acreditar no poder do que estamos criando. Isso não significa que não temeremos a morte, mas como John Wayne disse, temos que selar o cavalo assim mesmo.

Um dos meus sonhos mais lindos (e assustador!) pós-trauma surgiu em forma de um homem que mora do outro lado do mundo.

Após a morte de Phil, eu sabia, desde o início, que não queria viver o resto da minha vida sem um parceiro, embora a ideia de amar outra pessoa fazia eu me sentir mal. No início, esse conhecimento ficou no fundo do meu cérebro, meio que me provocando. Não querer ficar solteira o resto da minha vida não era o mesmo que estar pronta e disposta a ter um novo relacionamento. Eu queria conseguir me apresentar, estar presente para um novo parceiro, mas não conseguia descobrir como isso seria possível. Eu achava que precisava esperar meu coração estar plenamente curado antes de eu estar pronta para buscar um novo amor. O que eu não percebi na época foi que a cura, o amor e a tristeza fazem parte da mesma experiência.

Três anos após a morte de Phil, em uma noite solitária, arrisquei e criei um perfil de namoro online. Clicar no botão enviar mudou minha vida. Dois anos depois, essa escolha me levou a casar com um homem que morava na Austrália, mas como isso se desenrolou é história para outro livro.

Por enquanto, só quero apresentar meu marido, Michael, e explicar como escolher amá-lo tem sido extremamente difícil e fácil demais.

Desde o início, Michael testou minha coragem de todas as formas. Primeiro, ele é mortal. Essa foi definitivamente uma desvantagem. Segundo, ele é gentil, compreensivo e muito engraçado. Essa combinação era perigosa, porque ele não só me fazia rir, mas ele achava lindo o fato de eu usar a aliança do meu falecido marido na mão direita. Depois, quando nos conectamos online, ele morava longe o bastante para que eu pudesse me envolver aos poucos, o que me deu a falsa sensação de segurança em relação ao quanto eu estava investindo em nossa relação. Eu ficava me dizendo que nossa relação era inofensiva. O que poderia resultar do envio de e-mails para alguém que vivia do outro lado do oceano Pacífico?

Se eu estivesse escrevendo um roteiro de cinema, nosso casamento seria o final da história embrulhado com um laço bonito. Mas isso era a vida real e eu sou uma sobrevivente de um trauma. O trauma não desapareceu quando eu me casei novamente, ele continua surgindo de tempos em tempos. Meu último marido faleceu em um acidente que envolveu um carro, então você pode imaginar quantas vezes eu avisei ao Michael para ter cuidado quando atravessasse a rua. Sim, ele é um homem adulto, mas sua segurança é uma questão muito delicada em minha mente. Minha experiência de vida me ensinou que, às vezes, seu parceiro pode sair pela porta e nunca mais voltar. Michael recebeu muitos telefonemas em pânico de uma esposa fumegando de raiva, porque ele não ligou avisando que chegaria mais tarde — porque em minha mente influenciada pelo trauma, atrasado significa morto.

Este é apenas um exemplo de muitas situações simples em que a morte de Phil influencia o meu comportamento e afeta nossas vidas diárias. O impacto mais desafiador é minha habitual tendência de proteger meu coração para não me envolver na vida de forma plena. É aí que as coisas se complicam de verdade. Eu sou mestre em me convencer que, desde que eu não me envolva muito na vida, aja de forma mecânica, eu ficarei bem. Nesses momentos, eu pareço estar vivendo a vida significativa sobre a qual ensino sempre. O problema é que, quando estou com medo, ainda posso correr para o meu Porsche vermelho Transformer e me mandar. Essa válvula de escape emocional, em geral, é associada com o medo da possível morte de Michael, e ele quase sempre se expressa quando eu recuso ajuda ou assumo muitas tarefas sozinha como se não fosse parceiro para isso.

Esse permanece como o maior dos desafios pessoais. Um pouco antes da morte de Phil, ele e eu tínhamos encontrado um bom equilíbrio entre a independência e a interdependência. Estávamos resolvidos de maneira confortável depois de aprendermos a confiar um no outro e a trabalhar juntos à medida que construíamos uma vida nova com nossa família misturada. Então ele morreu, e todo trabalho de equipe voou pela janela. Tive que cuidar de todas as tarefas, decisões e desafios sozinha. A luta para administrar a vida que construímos sem o benefício da equipe Michele e Phil ainda é uma das memórias mais dolorosas que tenho. Minha aversão de viver essa experiência de novo tem me impedido de permitir que Michael seja um parceiro pleno em minha vida. Quando sou invadida por esse medo, prefiro manter Michael afastado do que compartilhar minha vida com um mortal cuja morte é garantida.

O trauma influencia todos de formas diferentes. Temos que enfrentar os medos singulares associados com a experiência da qual sobrevivemos. Precisamos conhecer nossos medos — denominar, explorar, sentir e reconhecer esse medo, quando ele parece ser algo diferente, como proteção ou sabedoria. Explorar fundo nossos medos é o primeiro passo para desenvolver a coragem. Antes de sermos corajosos, temos que saber do que temos medo.

O propósito evolucionário do medo é promover a sobrevivência. Somos programados para reagir aos nossos medos para ficarmos vivos. No entanto, a reação de nosso corpo ao perigo físico é muito diferente do medo emocional. Se um animal na natureza for ferido, a possibilidade de ele sobreviver cai rapidamente. Essa realidade impulsiona o valor constante da reação de medo nos mamíferos. Tememos situações que podem nos ferir. Se a situação que tememos apresenta perigo emocional ou físico, nossa mente nos obrigará a nos protegermos.

O medo é um valioso indicador de perigo, por isso que a resposta ao medo tem sobrevivido nos humanos por milênios. Mas os problemas surgem quando respondemos a todos os medos da mesma forma. Desenvolvendo a capacidade de identificar e examiná-los nos ajuda a responder a cada apreensão de forma apropriada. Claro que o perigo físico deve ser respondido rapidamente, enquanto lidar com o perigo emocional requer sutileza e reflexão. O medo desempenha um papel valioso na tomada de decisão; ele não pode ser o único fator se quisermos ter uma vida plena.

Medos não observados nos impedem de viver.

Nós não sonhamos quando sentimos medo. Ao contrário, vivemos de forma automática. Nós nos convencemos de que estamos prosperando, quando estamos ainda mal sobrevivendo, contornando pela borda da vida e evitando a alegria, porque sentimos medo dela, e o medo toma espaço demais para permitir que qualquer outra coisa se estabeleça. Até que nos comprometa de forma plena com nosso coração, ele permanecerá apenas como um fio de possibilidade.

Sentir medo não é a mesma coisa que viver com medo. Quando vivemos com medo, deixamos que nosso primeiro motivador seja evitar a dor. Sentir medo, por outro lado, confirma e reconhece os medos que surgem quando enfrentamos certas escolhas. Seja qual for nossa escolha, nós a fazemos compreendendo a dor que queremos evitar, ao mesmo tempo em que consideramos arriscar essa dor por outros fatores importantes. Ter medo não nos impede de buscar inspiração, alegria e possibilidades.

Em minha própria vida, eu temo amar Michael demais, porque ele morrerá um dia. É assustador a ideia de perder o parceiro, depois de já ter perdido um. Todo dia, faço a escolha de me envolver plenamente em minha nova vida e amar esse homem que trouxe com ele presentes lindos e singulares. O medo tem um papel em minhas decisões, mas, na maioria das vezes, não é mais um fator determinante. Compreender que meus medos fazem parte do meu instinto de sobrevivência me ajudou a reconhecê-los, explorá-los e responder a eles com respeito à medida que faço escolhas que abrem espaço para a graça e a bondade entrarem em minha vida. Mesmo quando tenho medo; essa é uma das mais poderosas lições que aprendi com meu trauma.

O medo tem um lugar, mas não pode ter o único lugar no meu coração.

Faça uma pausa e considere os medos relacionados a qualquer experiência traumática que tenha sofrido. Depois considere as alegrias e sonhos que você espera que defina o resto de sua vida. Se puder se apropriar e integrar os medos e realidades difíceis que o trauma criou, eles se tornam ferramentas em vez de armas. Em vez de magoá-lo, essas lições duramente conquistadas podem ser usadas para ajudar a estruturar uma nova vida positiva e promissora. O que você viveu jamais deve ser ignorado, mas essa experiência é apenas uma parte de sua história. Ao se apropriar de qualquer dor, o medo é colocado em um lugar saudável. Então você pode se permitir ter medo e ainda agir com coragem para abraçar a bondade e buscar a alegria.

Absorver as lições ensinadas pelo trauma desenvolve confiança na sua capacidade de enfrentar adversidades, conforme criamos um novo futuro. Integrar esse conhecimento nos ajuda a nos sentir capazes, em vez de vitimizados. Essa sensação de competência nos dá a coragem para seguir em frente com uma nova vida e abraçar plenamente novos sonhos.

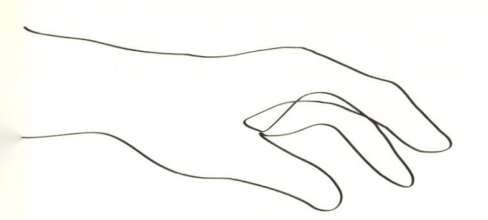

Capítulo 18

Permissão Concedida

Ao refletir e avaliar seu novo eu nascido após o trauma, permita-se questionar sobre tudo. Você acredita nas mesmas coisas de antes? Suas prioridades e valores mudaram? Você aborda a vida de forma diferente agora? Você ainda se interessa pelos mesmos *hobbies*? Há alguma coisa que você sempre quis fazer mas nunca fez, como pintar, desenhar ou esculpir? Há algum grupo, clube ou comunidade que você sempre quis fazer parte? Dê permissão a si mesmo para tentar tudo, qualquer coisa que desperte seu interesse.

Tente coisas que o assustem. Tente coisas que o inspirem. Tente coisas que estão completamente fora da sua zona de conforto.

Experimente sem qualquer expectativa ou reserva e veja o que acontece. Você pode não gostar de certas coisas que pensou que gostaria, mas em cada tentativa você aprende alguma coisa da pessoa renascida que está se tornando. Explore coisas fora das suas preferências anteriores. Talvez ainda goste das mesmas comidas, música, livros e filmes, mas tente outros. Por exemplo, se seu passeio favorito sempre foi uma viagem no final de semana para Las Vegas, vá a algum lugar diferente. Questione pequenas coisas — você ainda gosta de ser anfitrião nas festas? — e coisas grandes: você ainda acha seu trabalho e sua carreira gratificantes? Será que um outro trabalho pode acender seu fogo interior?

O ponto de todos esses questionamentos não é necessariamente mudar todos os aspectos de sua vida. É explorar com a mente aberta e descobrir o que já foi mudado pela experiência traumática e o que você pode mudar à luz disso. Depois de sobreviver a uma tragédia, você precisa dar permissão a si mesmo para desenvolver novas prioridades e preferências. Questionando tudo é a única forma de saber com certeza se a vida que você estava acostumado a levar ainda se ajusta à pessoa que você é hoje.

A mudança não precisa ser dramática. De fora, para os outros, sua nova vida parece muito com a vida que você levava antes. Você pode fazer muito das mesmas coisas que fazia, ter os mesmos amigos e ir aos mesmos restaurantes. Mas, interiormente, você sente muita diferença. Reconhecendo e respeitando essas diferenças, internas e externas, é um passo importante em direção à autoaceitação.

Quando tudo está bem, aceitar a mudança é árduo. Pode ser muito difícil de engolir depois de uma experiência traumática, já que não escolhemos alterar nossas circunstâncias ou visão de mundo, mas os eventos as alteraram para nós de forma inesperada, indesejada e dolorosa. Além disso, quase sempre consideramos negativas quaisquer mudanças resultantes de uma experiência negativa, por isso resistimos a elas. Outras pessoas podem resistir a elas também. Em geral, aqueles que amamos não querem que sejamos mudados pelo que passamos mais do que nós mesmos.

Como um exemplo do cotidiano, considere alguém que está acostumado a assistir filmes de terror, mas após sobreviver a um ataque pessoal descobre que não consegue mais assistir esse tipo de filme. Para a pessoa, essa mudança interna pode ser punitiva. A agradável ansiedade que tínhamos antes foi substituída pelo terror genuíno e uma necessidade crucial de correr. Os amigos podem entender e ter empatia pela sua reação compreensível, mas podem encorajá-lo a enfrentar os medos e continuar a assistir os filmes de terror como tentativa de impedir que seu passado controle o presente. De forma mais ampla, quem faz parte da vida de alguém pode ficar aborrecido pelas mudanças que vê e sua inclinação natural é encorajar ou mesmo pressionar a pessoa a retornar ao seu velho eu o mais rápido possível para provar que está curada. No entanto, não facilitamos a cura forçando-nos a fazer coisas que nos parecem erradas só porque costumávamos gostar delas. Tentativas de voltar à nossa vida antiga não eliminam o trauma. Nenhum encorajamento para "superá-lo" resultará em algum avanço. Parte da cura do trauma significa reconhecimento e aceitação de como fomos afetados e integrar as mudanças em uma nova versão de nós mesmos.

Fazer isso significa que nossa pessoa hipotética nunca mais assistirá filmes de terror? Não necessariamente. Estamos sempre evoluindo e nossas preferências também. O que precisamos no momento imediato de uma experiência traumática será diferente do que precisaremos cinco ou dez anos depois. Isso é o que descobrimos se explorarmos nossas preferências e questionarmos com a mente aberta uma vida inteira de propósitos.

Dessa forma, a aceitação da mudança não se torna mais fácil. Frequentemente, nos julgamos duramente pelas formas como nos sentimos mudados pelo trauma. E isso não é útil quando aqueles que amamos nos encorajam a voltar ao nosso eu antigo, lamentar a perda da pessoa que costumávamos ser ou até criticar no que somos diferentes agora. Quando as pessoas destacam ou julgam o que temos de diferente em nós, isso pode produzir uma sensação de inferioridade, de estar quebrado e precisar ser "consertado". Em vez disso, devemos aceitar e respeitar a mudança e permitir que esta oriente a evolução de nosso novo eu. Mesmo que pessoas próximas a nós não consigam fazer o mesmo.

Buscar a opinião e apoio daqueles que amamos é normal e muitas vezes útil. Precisamos de apoio amoroso e perspectivas de fora para nos ajudar a enfrentar e compreender o que estamos passando. Mas é possível que essas mudanças deixem as pessoas ao nosso redor desconfortáveis. Esse desconforto é uma das razões pelas quais as versões de nós mesmos nascidas pelos traumas, muitas vezes, são mal interpretadas. Não somos os mesmos e não servimos mais no molde que vivíamos antes. Tentar retornar à vida exata que vivíamos antes do trauma em nosso novo mundo é como tentar colocar um quadrado em um buraco redondo. Precisamos de pessoas que apoiarão nosso crescimento e que não tentarão impedir nossa evolução que se iniciou com nossa experiência.

Outros podem dar opiniões e apoio, mas no final, nós estamos no comando. Precisamos nos dar permissão para explorar opções, considerar novos desafios, examinar nossas prioridades e fazer as adaptações que forem necessárias para promover a evolução de nossos novos eus.

Verifique consigo mesmo agora. Como você acha que está se saindo em aceitar a mudança? Entre as pessoas da sua vida, quem mais apoia e quem mais resiste a elas? Quais coisas novas gostaria de explorar? Depois, quando você tentar alguma coisa nova, analise seu corpo. Pense no que sente. Quais pensamentos a nova experiência trouxe? Quais sentimentos afloraram? Gostaria de fazer de novo? Tentativa e erro seguidos de mais tentativa e erro é a melhor maneira de se encontrar. É provável que descubra que alguns aspectos de si mesmo não mudaram em nada, enquanto outros podem ter mudado de forma drástica. Dê a si mesmo uma chance de descobrir novas possibilidades e potencial. Seus amigos e familiares podem se surpreender ao descobrir o quanto eles gostam de seu novo eu, mesmo que não assista aos mesmos filmes.

A única permissão necessária para evoluir para uma nova versão incrível de seu próprio eu é a sua.

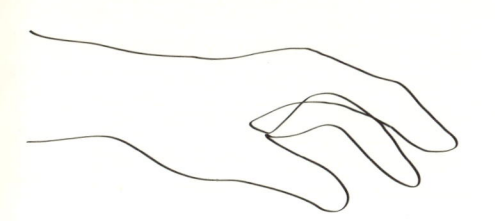

Capítulo 19

Encarando o Sofrimento

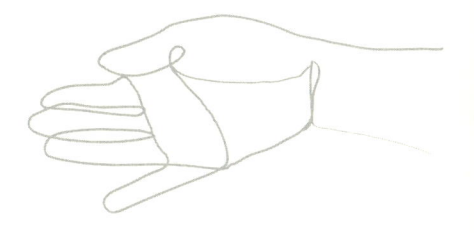

Viver uma experiência traumática elimina a ingenuidade. Hoje penso no tempo antes da morte de Phil como uma era de inocência. Aqueles foram dias em que a morte era uma preocupação distante e remota que não desempenhava papel algum na minha vida diária. Quando Phil morreu, a morte se tornou real.

Depois que alguém sobrevive a algo que não tinha certeza se conseguiria, ele se torna hiperconsciente do fato de que outras coisas terríveis podem acontecer a qualquer momento. Sobreviventes de traumas compreendem que a dor fará sempre, de forma profunda, parte de sua vida. Essa realidade pode fazer uma reação de medo intensa aflorar. Lembrando a dor persistente, e percebendo que ela pode voltar a qualquer momento, cria essa suposição de antecipar futuros sofrimentos ou horrores. Qualquer um que passou por uma situação transformadora de vida não fica ansioso para passar por ela de novo. Esse tipo de medo encoraja a criação de barreiras emocionais que parece nos proteger da dor, mas, na verdade, impede que experimentemos de forma plena a alegria.

Um exemplo pessoal disso se relaciona à família diversa que eu e Phil estávamos criando. Lutamos por anos para reunir seis crianças com necessidades distintas, um novo casamento e dois estilos bem diferentes de criar os filhos. Quando senti que estávamos descobrindo como ser uma família, Phil morreu e a família, a vida e o futuro que construímos desmoronaram. Minha lição dessa experiência foi que qualquer coisa que eu construísse poderia ruir — o que é verdade. Esse é o problema. Meu medo não é infundado, o que torna feroz o desejo de me proteger.

Quando a realidade de que coisas ruins acontecem para todo mundo se torna real, nunca esquecemos disso. Ao contrário, vivemos conscientes que as coisas podem mudar a qualquer momento — em um acidente de carro, um ato violento, um diagnóstico, o tocar do telefone ou um escorregão em uma calçada escorregadia.

Cada um de nós tem uma reação diferente a essa verdade desconfortável. Algumas pessoas acham a realidade libertadora — elas se agarram à vida e a vivem o mais plenamente possível, tirando o máximo de cada momento. Outras acham essa verdade limitante e vivem uma vida insignificante com esperança de que, se não tiverem muito a perder, se perderem o que têm não será doloroso. Outras ainda se pegam entre querer viver de verdade, mas lutando para deixar de lado o medo do sofrimento futuro.

Esse espaço intermediário foi onde fiquei. Eu sabia que queria uma vida significativa e plena, mas, enquanto tentava estruturar essa vida, eu ficava continuamente tropeçando no medo de perder outro futuro. Essa luta se cristalizou antes de meu casamento com Michael.

Nós queríamos começar nossas vidas juntos com votos feitos pessoalmente. Uma semana antes de nosso casamento, eu ainda não tinha escrito nada. Como escritora e palestrante, presumi que escrever meus votos para Michael seria fácil. Mas toda vez que me sentava para escrever ficava parada nas palavras "até que a morte nos separe".

Eu e Phil vivemos essas palavras, e eu vivia a dor que veio depois. Eu tinha medo que, quando dissesse essas palavras de novo, eu me transportaria direto de volta à estrada onde vi Phil morrer lentamente. Escrever aquelas palavras em meus votos parecia errado, mas deixá-las de lado também parecia errado por razões que eu não conseguia articular. Para tornar as coisas mais complicadas, o fato era que Michael não ligava. Ele não se preocupava com as exatas palavras que diríamos. Ele só queria estar casado no final do dia. Ele não queria me causar dor alguma. Se eu achasse que dizer certas palavras seria doloroso, ele preferia que eu não as dissesse.

Três dias antes do casamento como eu ainda não tinha escrito meus votos, falei com uma grande amiga, Michelle, que eu não queria dizer "isso". (Michelle é membro do conselho fundador da Soaring Spirits, e aqueles que nos conhecem a chamam de "dois Ls.")

Michelle ficou quieta por um instante. Depois ela disse: "Você não acha que Michael merece essa promessa?"

Essa pergunta colocou tudo em seus devidos lugares. O medo estava guiando minha decisão, mas o mais importante é que o medo estava me impedindo de me comprometer verdadeiramente com minha nova vida. A razão pela qual eu não queria dizer a palavra morte durante nossos votos era o medo que Michael morresse cedo demais, da mesma forma que Phil, antes de termos a chance de compartilhar nossas vidas completamente. Não se tratava de Phil ou de impedir a mistura de dois casamentos. Dizer a palavra morte em nosso casamento parecia, de alguma forma, convidar a morte para nosso dia, quase como se eu estivesse pedindo por ela. Cinco anos depois de ficar viúva, eu estava começando a descobrir como a experiência que vivi influenciaria meu novo casamento. A integração é um esforço para toda a vida.

No dia de nosso casamento, em uma linda tarde de setembro da Califórnia, eu prometi meu amor e respeito a Michael até que a morte nos separe. Esse voto foi feito com a mente serena e sem um único pensamento sobre a morte de Phil. Essa promessa foi feita ao homem que estava parado à minha frente, irradiando amor. Falei essas palavras tradicionais não porque me senti obrigada ou pressionada a dizê-las, mas porque eu percebi que elas eram um símbolo para eu entrar na fase seguinte da minha vida com todo o meu ser. Eu não queria deixar nenhuma parte de quem eu sou fora das promessas que fiz a Michael naquele dia.

A luta que experimentei com meu medo é também um grande exemplo da aplicação do pensamento do aquário de peixes em uma situação de vida. Michelle e eu sobrevivemos à morte de nossos maridos. Nossa viuvez nos aproximou e temos vivido a montanha russa do luto lado a lado por quase vinte anos. Ela me conhece e não tem medo de me desafiar, ainda que de forma gentil, porém firme, quando uma decisão que estou tomando lhe parece errada. Considero Michelle uma alimentadora de peixes. Ela me apoiou em tempos muito difíceis e comemorou comigo nos tempos maravilhosos. O que quer dizer que sua opinião é importante.

Michelle não me forçou nem me pressionou na minha decisão em relação aos votos. Ela, simplesmente, fez-me a pergunta que lhe ocorreu e eu sabia que meu trabalho era considerar com seriedade o que ela tinha dito. É para isso que as diretrizes do aquário servem: nos lembrar de ouvir as pessoas cujas opiniões confiamos, concordemos ou não, decidamos ou não pelo curso de ação que elas sugerirem. As pessoas em sua vida que entram nessa categoria são vitais para ajudá-lo a ver através de seus medos e seguir seu caminho por meio dos desafios da vida, e por lembrá-lo de "cantar no bote salva-vidas". Michelle me ajudou a identificar que eu tinha medo na verdade da alegria.

No início do meu luto, eu não percebi que, para acolher minha vida de novo, seria preciso mais coragem do que enfrentar a dor, a tristeza e as dificuldades. Eu estava acostumada com esses desafios. A alegria é muito mais assustadora do que a dor. Quem iria saber disso?

A alegria ainda me assusta. À medida que os dias passavam e o dia 31 de agosto de 2005 ficava cada vez mais no passado, a quantidade de coisas maravilhosas que aconteceram desde então estão revisando minha narrativa sobre meu passado. Sim, meu marido faleceu em um acidente horrível, mas também descobri novas paixões, viajei para lugares novos, aceitei um novo amor e coloquei pessoas e causas em meu mundo que faz meu coração acelerar. À medida que o número de experiências alegres aumenta, fico ciente do tique-taque do relógio que conta quantos dias felizes já se passaram. Porque minha experiência de vida me ensinou que eles não duram. A dificuldade chega, ela sempre chega.

Ter medo da dor depois de sobreviver a um trauma é plausível, mas evitar o sofrimento por meio de construção de barreiras emocionais não nos salvará da angústia. Distanciar-nos dos outros só nos causa um tipo diferente de dor, um tipo que pode ser evitado. Ao nos desprender da vida para evitar o desapontamento, criamos a dor que esperamos evitar — ela só está com um traje diferente. Quando escolhemos o medo como fator principal para tomada de decisões, nossa vida se torna tão restrita que não há espaço para mais nada além do medo.

Quando agimos diferente, o mesmo medo pode se tornar uma ferramenta. Quando a ansiedade ou os tremores surgem, pergunte a si mesmo do que está com medo. Encare seu medo nos olhos, reconheça que o que está pensando pode acontecer, depois imagine como se sentirá se acontecer. Respire fundo e respeite o medo, o qual nasceu de uma dor transformadora de vida que você já vivenciou. Depois deixe o medo ir embora e escolha correr o risco da vida.

Hoje o medo é uma das formas que me mantém comprometida e presente em minha vida diária. Quando estou com medo, sei que é possível que esteja chegando perto de um desejo do meu coração ou de uma pessoa que não quero ficar sem. Para mim, aprender a escolher a vida em vez do medo, de forma consistente, precisa de prática. Ocasionalmente, enfrento o medo várias vezes em um dia. Outras vezes, passo semanas, ou meses, sem ser assombrada pelo espectro da dor que eu presumo esteja me esperando na esquina. Repetidamente, escolho o potencial da dor em vez da certeza de perder oportunidades que exigem que eu me arrisque para poder obtê-las. O medo se tornou meu lembrete para viver o agora, enquanto tenho a chance.

Na noite de núpcias, depois que o bolo de frutas acabou e todos os convidados foram para casa, Michael e eu estávamos deitados exaustos lado a lado no quarto de hotel quando lágrimas começaram a correr pela minha face.

Michael olhou preocupado para mim e perguntou por que eu estava chorando. Quando tentava explicar, lá veio uma enxurrada de lágrimas. Refletindo sobre o dia, percebi que até aquele momento eu não acreditava que eu e ele estaríamos casados. Por dois anos, fiquei aterrorizada que algo ruim pudesse acontecer e nos impedisse de desfrutar o momento que estávamos vivendo.

Toda vez que o medo surgia, eu o enfrentava e mantinha o planejamento da vida que eu queria. Toda vez que minha experiência passada me falava que a vida não funciona do modo como planejamos, respondia que, às vezes, funciona sim. Toda vez que o medo me tentava a deixar minha vida restrita, eu me lembrava de uma verdade diferente que também foi provada pelo meu passado: eu conseguia fazer coisas difíceis. Mas até que o dia acabasse, o casamento fosse selado e os convidados fossem embora, uma pequena parte assustada de mim não acreditava que a bondade era, de fato, tão real quanto a dificuldade.

Na minha noite de núpcias, eu chorei pela parte de mim que não conseguia acreditar na alegria e chorei pela parte de mim que recebia a alegria que eu temia sem saber por quanto tempo duraria.

Esse tipo de coragem mudará sua vida para melhor.

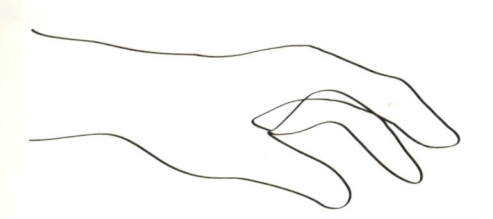

Recuperação

Agitando sua Fênix

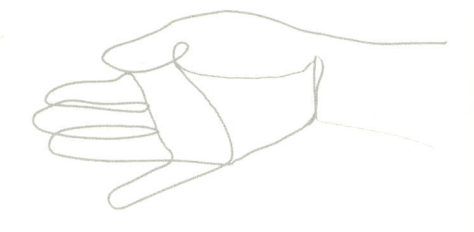

Transformação só é possível quando estamos verdadeiramente abertos a evoluir. Antes de poder amar uma nova versão de nós mesmos, temos primeiro que abraçar por completo a pessoa que nos tornamos pelo trauma e integrar as partes de nosso passado que nos feriu e nos transformou em nosso presente e futuro.

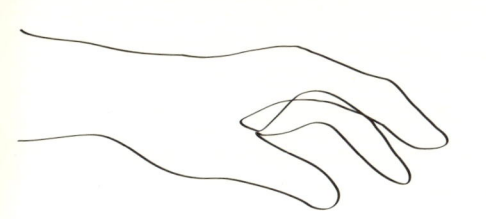

Capítulo 20

Libertando-se da Dor

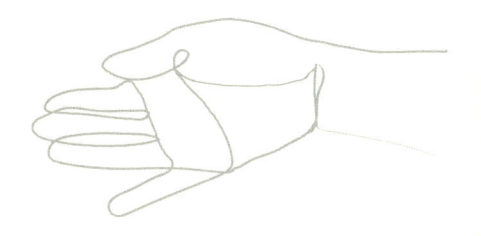

Quando se vive os primeiros dias de um trauma, a profundidade do sofrimento que experimentamos pode ser assustadora, mas nossa dor também age como uma prova imediata que algo importante aconteceu. Os ferimentos infligidos pela experiência refletem o dano causado por aquilo que sobrevivemos.

É claro, nosso coração dói. Vivenciamos algo horrível. Uma dor como resposta é uma parte natural e normal de viver um trauma. Onde há dor, há ferimentos e as pessoas ao nosso redor reconhecem isso. Para elas, os sinais externos de angústia são os primeiros indícios do nosso estado mental à medida que voltamos à ativa depois de nossa experiência.

No entanto, se nossos ferimentos não forem visíveis externamente, nossa capacidade de expressar a extensão de nosso sofrimento é o único reflexo do mal que sofremos.

Todos os sobreviventes de trauma vivem com dano emocional invisível que acompanha as experiências de mudanças de vida. Esses ferimentos podem ser difíceis de identificar, mas em geral eles são expressados como depressão, ansiedade, transtorno de estresse pós-traumático, isolamento ou fuga emocional. Uma variedade de manifestações físicas de dor também é comum, visto que nosso cérebro e nosso coração lutam com o resultado da experiência traumática. A dor passa a ser uma constante diária em nossas vidas. Uma dor recorrente pode até servir como um lembrete de que estamos vivos, que sobrevivemos.

É o que aconteceu comigo. A dor virou minha amiga; gosto muito dela. De alguma forma, resolvi que sentir dor era uma forma de reconhecer que eu estava viva e de confirmar que meu amor por Phil não tinha morrido com ele. A dor constante me ajudava a seguir em frente todos os dias. Era como tocar o machucado na perna de alguém para ver se o ferimento e a própria perna ainda estavam ali — cutucar, espetar, repetir.

Toda vez que me conectei com a dor da morte de Phil me senti viva. Passei tanto tempo me sentindo entorpecida e morta por dentro que sentir alguma coisa era melhor do que não sentir nada, mesmo que fosse dor. Essa era a minha norma. O que eu não percebia era que ao presumir que lembrar e sofrer eram a mesma coisa, eu tinha que continuar a escolher o sofrimento para manter tudo o que eu tinha compartilhado com Phil. Eu desenvolvi uma relação nociva com a dor que foi encorajada pelo pressuposto comum de que para se curar temos que esquecer.

Não tinha como esquecer Phil ou a vida que compartilhávamos, e se a cura significava ter de fazê-lo, então não estava interessada.

Outro fator complicador, conforme eu trabalhava na minha relação com a dor, era a noção de que a cura emocional acontece ao longo de um caminho linear e em um padrão previsível.

As pessoas ao meu redor reforçavam isso com sua preocupação por mim e perguntas sobre meu bem-estar:

— Você está melhor hoje do que ontem?

— Seu coração está menos apertado?

— Está pensando com mais clareza?

A suposição é que o sofrimento deve diminuir de forma contínua com o tempo e que não sentir dor é igual a cura total.

No entanto, a recuperação do trauma e da dor emocional não é uma experiência sequencial e linear, na qual cada dia é melhor do que o outro. A cura não é medida apenas pela classificação nos níveis de tristeza diária. Na verdade, a cura de feridas emocionais acontece aos trancos e barrancos. É comum ocorrer retrocessos sob a forma de flashbacks, pesadelos, lutas contra ansiedade e medos recorrentes. O processo de cura é imprevisível, sem indicadores consistentes de progresso.

No início, muitos sobreviventes são estimulados a expressar sua angústia. As pessoas querem compreender o que aconteceu e como alguém que amam foi afetado. Mas rapidamente mudam o roteiro, e a pressão para se curar o mais rápido possível, em geral, começa. Outros podem supor que a dor diminuirá aos poucos à medida que a vida parece voltar ao normal e a experiência horrível se torna uma coisa do passado. Os próprios sobreviventes procuram esquecer. Por que alguém iria querer se apegar à dor infligida por um trauma? O objetivo não seria esquecer?

Na verdade, mesmo se fosse possível esquecer completamente, em geral, a sensação é pior. Ninguém quer esquecer um ente querido que faleceu, nem a vida depois da tragédia muda essas circunstâncias, é como sofrer uma lesão que agora limita sua mobilidade. As pessoas não querem esquecer o que foram e o que amavam antes da experiência que mudou suas vidas, elas querem esquecer a dor de perder quem foram e o que amavam.

Mas não podemos fugir de mudanças não desejadas, e o passado não desaparece, não importa o quanto desejamos isso. Quando tratamos a cura e o esquecimento como a mesma coisa, tornamos a cura tão impossível quanto o esquecimento. Todas as nossas experiências de vida ficam em nossas células. Por mais que tentemos, não podemos esquecer o que já vivemos.

Em vez disso, podemos buscar fazer as pazes com as experiências trágicas. Podemos nos libertar da dor ao reconhecer o que mudou e valorizar as ferramentas e recursos nascidos da sobrevivência. Talvez contraintuitivamente, se reconhecermos e compreendermos o impacto de uma experiência traumática, como ela moldou nossa identidade, e integrar os eventos traumáticos em nossa nova noção de eu, isso ajude a diminuir a dor com o tempo. Isso não significa que temos de pensar todos os dias no que ocorreu. Apenas significa que aceitar que tudo o que aconteceu conosco, o horrível e o belo, molda quem somos e, portanto, todos os eventos merecem ser lembrados e reconhecidos. É assim que acessamos o poder encontrado em viver com a angústia.

Conheci muitos sobreviventes de traumas que lutam para conciliar a necessidade de honrar sua coragem como sobrevivente da tragédia com o desejo de retornar à antiga versão de si mesmos. Eles consideram as mudanças pessoais que experimentam como efeitos colaterais negativos e indesejados do trauma. Isso resulta em um impasse doloroso: tentar se lembrar apenas do que acha positivo sobre um evento traumático, enquanto tenta negar o que é indesejado.

Outros ainda refletem o que eu vivi, que é o medo de que se libertar da dor significaria esquecer o que aconteceu. No entanto, gostemos ou não, nossos corações sempre carregarão as cicatrizes deixadas pelo trauma. Não podemos desfazer o que mudou ou esquecer o que aconteceu. Mas podemos diminuir nosso sofrimento com o trabalho árduo da integração. À medida que processamos o trauma, nossa dor por fim diminuirá. A cura ocorre não só porque o tempo passa, mas como resultado direto de nossos esforços para compreender nossa experiência e aceitar o que está mudado.

Essa pode ser uma experiência ambivalente. Aceitar nosso novo eu e ter qualquer alívio de nossa dor no coração pode parecer diminuir o impacto do que sobrevivemos. Do mesmo modo, se nos permitirmos valorizar as mudanças pessoais inicialmente indesejadas em nossa perspectiva, pessoalmente e na vida, podemos nos sentir como se estivéssemos valorizando a própria tragédia. Em outras palavras, podemos pensar, se algo positivo se desenvolver como resultado de algo ruim, isso torna a coisa ruim em boa?

Não. Curar-se da tragédia e amar a mudança de nós mesmos não significa valorizar a tragédia. Libertar-se da dor não significa que esqueceremos o que aconteceu, nem diminuirá o que aconteceu. Curar nosso coração, corpo e espírito exige coragem, determinação e disposição de escolher lembrar-se, aceitar como é agora e processar e se libertar da dor, para que assim possamos aceitar nossas novas vidas.

O que nos mantém ligados ao nosso sofrimento? Usar nossa angústia como muletas pode ser muito tentador. A dor familiar que se torna uma parte do cotidiano é, em geral, confundida com a validação ou mesmo amor. Se comprarmos a ideia de que a teoria da cura e do esquecimento são a mesma coisa, então ou nos agarraremos à dor como prova de nosso amor ou enterraremos nosso trauma no fundo do quintal de nosso passado, esperando (em vão) que será esquecida de forma permanente. Nos dois casos, o medo, possivelmente, desempenha um papel fundamental.

Pare um momento para pensar em sua situação. Você sente medo ou resiste a se libertar da dor? Se sim, o que aconteceria se não se sentisse triste? Você teme o julgamento de quem? Você se preocupa que os outros presumirão que esqueceu o que aconteceu?

Não precisa saber as respostas de todas essas perguntas no momento. Não tem problema não ter certeza. O que é importante é explorar seu relacionamento com a dor e identificar se tem apego ou aversão nociva à sua angústia. Isso é fundamental para sua capacidade, e disposição, para se curar. O primeiro passo é se perguntar do que tem medo.

Imagine a dor como um enorme bloco de cimento que você carrega em suas mãos. O bloco é pesado e áspero. Seus braços doem com o esforço de manter o bloco elevado. Não há espaço para nada em suas mãos e mente. Manter esse bloco fora do chão é seu único foco.

Agora imagine-se abaixando o bloco. De repente, você não tem nada nas mãos. A liberdade será estranha no começo, porque você estava acostumado ao peso que carregava há tanto tempo. Pode se sentir vazio ou sem propósito sem a necessidade constante de lidar com o bloco. Mas, com o tempo, à medida que se acostumar com o vazio, você pode descobrir a leveza a seguir. Sem a necessidade persistente de se concentrar em manter o bloco no alto, você pode descobrir que tem tempo e energia para outras atividades. O vazio se torna a liberdade, se tivermos coragem de nos libertar de tudo o que não nos serve.

Claramente, se libertar da dor não é tão fácil quanto largar um bloco de cimento e sair andando. Se fosse, haveria muito menos angústia no mundo. Enfrentar medos e traumas para compreender as mudanças que essas experiências causaram é assustador e difícil. Libertamos a dor uma vez e então descobrimos que o bloco de cimento que colocamos no chão, de repente, voltou para nossos braços. Quando acreditamos que a única forma de parar de sentir dor é esquecer o que aconteceu, a vida sempre nos lembra e a dor do nosso trauma ressurge. Às vezes, podemos temer que não sentir mais a dor signifique que tenhamos esquecido o que perdemos ou as pessoas que amamos. Esse medo pode nos fazer não querer mais nos libertar da dor ou nos fazer revisitá-la repetidas vezes para confirmar que ainda nos lembramos.

Enfrentar o medo e integrar o trauma exige prática e repetição. A dor que libertamos raramente vai embora para sempre. De vez em quando, traumas passados serão suscitados por uma experiência atual e revisitaremos aquele trauma, quer queiramos ou não.

É por isso que cura e luto (e amor) não são experiências lineares e esquecer traumas não é possível. Nosso corpo, coração e alma se lembram da dor do passado como um método de sobrevivência do futuro. Quando uma nova experiência de vida nos lembra que sobrevivemos, sabemos como fazer de novo. Nós já desenvolvemos as ferramentas para facilitar a cura.

Desenvolver a capacidade de lidar com as feridas do passado e continuar a integrar outras novas em nossa vida é a prova de que estamos nos curando, que não é o fim, mas um processo. Cada vez que enfrentamos um trauma e libertamos a dor, construímos confiança em nossa capacidade de lidar com o próximo desafio.

Você pode escolher ver sua sobrevivência como prova de sua cura. Pode escolher honrar a dor que viveu, enquanto permite que seu coração se cure. Pode escolher se lembrar de todo tipo de experiência sem lhe dar influência indevida ao longo de sua vida. Pode escolher ignorar os comentários dos outros que não passaram pelo que você passou. Pode escolher considerar ferramentas, recursos e perspectivas que conquistou sobrevivendo ao trauma como a expressão final desse significado do evento. Pode escolher reconhecer sua força, embora seja um resultado direto da dor que experimentou. Você pode escrever sua própria narrativa.

Não só você pode se lembrar e curar, mas tem que se lembrar de se curar. Libertar-se da dor que está ligada à experiência criará o espaço necessário para acolher suas novas emoções, aventuras e pessoas em sua vida.

Suas mãos vazias estão livres para aceitar novos presentes.

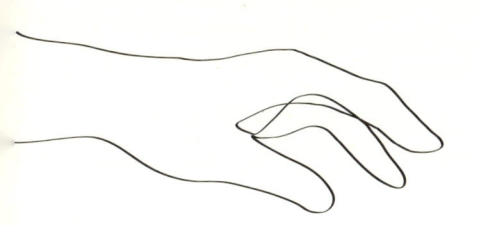

Capítulo 21

Cronometrando Minha Maratona

Às vezes os presentes virão muitos anos depois e em pacotes inesperados.

Meu segundo encontro com Phil foi pedalando ao lado dele, enquanto ele completava um treino de 32km em preparação para a Maratona de Los Angeles em 2000. Conforme seguíamos cedo naquela manhã (eu carregando os suprimentos como um xerpa[1]), eu imaginei tudo o que podíamos conversar durante os 32km de estrada. Eu tinha um monte de perguntas sobre o passado de Phil e resolvi que este seria um grande momento para perguntar sobre seus relacionamentos passados. Ele riu alto e disse: "Não consigo falar enquanto estou correndo." O que era mentira, como descobriríamos mais tarde.

Correr se tornou uma parte fundamental de nosso relacionamento. Nós amávamos correr juntos, principalmente depois que Phil aprendeu que podia conversar e correr ao mesmo tempo. Uma de nossas formas

---

[1] Os xerpas são guias locais do Nepal que trabalham na abertura das rotas até o cume da montanha e a estruturação dos acampamentos; também são contratados para carregar equipamentos montanha acima. [N. da R.]

favoritas de explorar uma cidade nova era a pé, correndo lado a lado. Corremos em diversas montanhas, por todo tipo de bairro, e por muitas ruas durante nosso casamento.

Ao percorrer todos esses quilômetros, Phil e eu desenvolvemos um plano para eu correr minha primeira maratona no ano em que fiz 40 anos, com ele desempenhando o papel de xerpa para mim. Se eu fosse correr 42km, eu queria que tivesse uma linda paisagem, então escolhi a Maratona de Honolulu como objetivo. Passamos muito tempo sonhando e planejando essa corrida de longa distância, embora meu aniversário de 40 anos ainda estivesse longe. Então, após a morte de Phil, eu me esqueci desse objetivo distante.

No entanto, continuei a correr, o que se tornou uma estratégia de enfrentamento fundamental enquanto eu estava de luto. Embora os quilômetros fossem solitários, sempre que corria no nosso bairro era onde sentia a presença de Phil com mais frequência. Eu podia imaginá-lo ao meu lado, dando-me dicas e incentivando a acelerar o ritmo. Alguns anos depois, quando meu aniversário de 40 anos se aproximava, meus amigos e família começaram a me perguntar o que eu queria fazer para comemorar. Muitos falaram de uma festa legal ou uma viagem relaxante, mas eu me perguntava se deveria tentar correr uma maratona sem Phil.

Esse foi outro exemplo do qual me convenci que tinha algo para provar. O objetivo de completar uma maratona sempre foi meu, mas o encorajamento e a confiança de Phil em mim fizeram a corrida de 42km parecer possível. Se eu abandonasse um objetivo na vida há muito estabelecido, compartilhado com muitas pessoas, isso seria desistir? Eu não tinha coragem de dizer que não queria correr a maratona de meus 40 anos sem o Phil, na minha cabeça, isso significava que a dor venceria. Para vencer a tristeza, eu precisava correr a maratona.

Um treinamento para maratona, em geral, dura de seis a nove meses, dependendo das condições físicas da pessoa. Eu resolvi seguir um plano de treinamento de 22 semanas e com o objetivo da Maratona de Los Angeles de 2009. Em vez de viajar para o Havaí sem Phil, escolhi correr na mesma maratona que ele. Eu me inscrevi, paguei a taxa e falei para mim mesma que não tinha como voltar atrás.

Então comecei o treinamento. As corridas pela manhã eram boas. Sentia-me calma e confiante enquanto percorria mais quilômetros do que o habitual. Eu usava o tempo para conversar com Phil na minha mente e para sonhar com o grande dia que cruzaria, com orgulho, a linha de chegada da maratona. Na minha imaginação fértil, eu até ouvia a música tema do filme *Carruagens de Fogo* de Vangelis em meus ouvidos, enquanto lágrimas de realização corriam pela minha face. Depois o treino virou realidade.

À medida que os quilômetros aumentavam, a logística de correr uma distância maior do que antes ficava complicada. Eu deixava garrafas de água ao longo da minha rota para me certificar de me manter hidratada, planejava percursos circulares para não ficar muito longe de ajuda, caso precisasse, e compartilhava meu percurso com um amigo toda vez que saía para uma corrida longa. Eu passava quase tanto tempo planejando e preparando tudo quanto correndo. À medida que meu percurso semanal ficava mais longo, minha exaustão também aumentava. Fiquei acabada e irritada com o treinamento, junto aos meus dois trabalhos, cuidar das crianças e lidar com o luto. Correr deixou de ser refúgio e passou a ser só mais uma tarefa na lista de coisas para fazer.

Em uma linda manhã de sábado em especial, eu saí para correr 29km. O percurso planejado era o mais longo que eu já tinha tentado e passava por três cidades diferentes. Eu estava nervosa, cansada e me sentindo solitária, mas ainda determinada a provar que eu poderia correr uma maratona sozinha.

A primeira parte da manhã deu tudo certo. Eu fiz os primeiros 14km me sentindo forte e desfrutando do clima perfeito. Quando cheguei no ponto de retorno, eu percebi que precisaria correr todos aqueles quilômetros, fazer o caminho de volta pelas três cidades e, de repente, minha casa ficou muito longe. Lágrimas ameaçavam cair e eu me esforçava para manter meu sentimento de opressão à distância. A única forma de voltar para casa era a pé, então continuei correndo. Eu tinha câimbras nas pernas, a água estava acabando, o calor aumentando e meu nível de tristeza subindo. A cada quilômetro que passava, eu me perguntava quem se importaria se eu não corresse a maratona. A única pessoa que estava tentando provar alguma coisa era eu.

No momento que cheguei em casa, eu tinha tomado minha decisão. Não precisava me torturar, correr chorando ou fazer de uma atividade física que eu amava uma obrigação. Eu poderia escolher o que fosse melhor para mim — o meu eu de hoje.

Esse foi o fim do meu treinamento para maratona. Eu assisti a Maratona de Los Angeles de 2009 pela TV me sentindo grata ao extremo por meu sofá fofinho e minha manta aconchegante.

Achei que esse seria o fim da história, mas eu estava errada.

Durante nosso casamento, Phil e eu levamos nossos seis filhos em várias corridas de 5km. Optamos por corridas em locais diferentes ou que incluíam atividades para crianças, mas não importava quão divertido fosse o tema ou a característica da corrida, as crianças sempre reclamavam sem parar. A ideia de fazer 5km como uma família era sempre bem mais prazerosa do que a realidade de arrastar um grupo de jovens relutantes ao longo do percurso enquanto eles nos infernizavam perguntando se ainda faltava muito para chegar e quando poderiam tomar chocolate quente.

No primeiro Dia de Ação de Graças após a morte de Phil, pensei que fazer a Turkey Trot [Corrida do Peru, em tradução livre] de 5km com a família para homenageá-lo. Seria um bom começo para um dia que eu sabia que seria difícil. Não foi uma boa ideia. Em vez de dois adultos empurrando e persuadindo seis crianças emburradas, tinha só eu falando para os cinco, que estavam comigo naquele dia, continuarem correndo. É, uma ótima maneira de começar o Dia de Ação de Graças. Jurei que nunca mais levaria as crianças em uma corrida de 5km de novo.

Oito anos depois: eu estava conversando com minha filha Caitlin (na época com 22 anos e morando feliz sozinha) no nosso bate-papo habitual pela manhã, quando ela mencionou que tinha começado a correr. Minha primeira reação foi pensar se ela estava correndo por vontade própria. Quando criança, ela era a que mais reclamava da corrida de 5km por causa de um problema no joelho, e eu não podia imaginar que por livre escolha ela correria para algum lugar. Descobri que ela passou a amar as mesmas coisas que eu na atividade, e que já tinha uma rotina de corridas. Por fim, ela me convidou para ir com ela na primeira corrida de 5km que ela tinha se inscrito por conta própria. Nunca esquecerei de correr ao longo do píer de Santa Mônica conversando, enquanto seguíamos, com facilidade, os 5km lado a lado. Ela era boa e eu podia sentir Phil radiante.

Uma corrida levou à outra e, antes que eu percebesse, nós estávamos alinhadas na largada da meia maratona da cidade de Temecula, que passava pelos vinhedos de uma conhecida região vinícola da Califórnia. Em um belo dia de outono, enquanto esperávamos pelo som do tiro de largada, Caitlin disse: "Mãe, eu devia ter dito que essa corrida tem classificação quatro em uma escala até cinco de dificuldade." Ela riu enquanto a massa de pessoas ao nosso redor começava a cansativa corrida de 21km. Eu não me importava, desde que estivesse na companhia de uma jovem animada, que apenas dez anos antes acreditava que eu podia ir buscar o carro e pegá-la em vez de completar os 5km.

Durante um ano, Caitlin e eu completamos os percursos de corridas usuais que levavam à maratona. Com corridas de 5km, 10km, 15km e mais uma meia maratona debaixo do braço, já estava claro como água, nós íamos para a maratona. Minhas suspeitas foram confirmadas no Dia das Mães em 2015, quando Caitlin me deu de presente a inscrição da Maratona da Califórnia que seria em Sacramento. Meu sonho da maratona tinha revivido.

Seis anos depois de eu ter me libertado do objetivo de correr a maratona, começamos nosso treinamento. Dessa vez, tudo era diferente. Eu tinha casado de novo e estava feliz com um homem que apoiava meus objetivos, eu estava trabalhando em um só lugar em vez de dois, e não estava criando três adolescentes. Ainda assim o treinamento era doloroso, mas, na companhia da minha filha, era também divertido. Nossas reclamações de brincadeira faziam parte da diversão e usei tudo o que Phil me ensinou sobre corridas de longa distância para dar apoio a Caitlin e a mim mesma, enquanto percorríamos os quilômetros que nos levariam ao nosso objetivo comum.

Em uma manhã fria no norte da Califórnia, Caitlin e eu estávamos lado a lado na companhia de milhares de outros corredores. Ao longo de 42km, nós rimos, choramos, nos lembramos de Phil — rimos ao imaginar o que ele acharia do nosso ritmo. Nós duas experimentamos um momento que tínhamos certeza que não conseguiríamos, e nos apoiamos uma na outra para assegurar que conseguiríamos sim. Os últimos 5km foram uma tortura só, mas nos demos as mãos quando cruzamos a linha de chegada. Eu estava tão envolvida no momento que esqueci de ouvir a triunfante música de *Carruagens de Fogo*.

Horas mais tarde, depois de comermos toda a pizza que pudemos aguentar e brindarmos uma a outra com cerveja gelada que estávamos sonhando desde o quilômetro 32, fui dominada pela ideia de que tinha conquistado meu objetivo. Não como um marco para lembrar meu quadragésimo aniversário. Não com Phil correndo ao meu lado. Não em uma bela ilha. Não de qualquer uma das maneiras que planejei ou imaginei. Tudo sobre conquistar esse objetivo foi diferente e perfeitamente lindo.

Ao decidir terminar meu treinamento para a maratona em 2009 houve espaço para a experiência que tive anos depois. Em vez de me forçar a chegar ao objetivo que estabeleci com Phil, reconheci que minha vida era diferente, eu era diferente, e nosso antigo objetivo compartilhado não se encaixava no meu novo eu.

Naquela época, eu sentia que estava escolhendo nunca correr uma maratona. Eu não sabia que a vida poderia me oferecer outra oportunidade de atingir esse objetivo de maneira bela e inesperada.

Reflita sobre objetivos, promessas ou sonhos que teve de desistir, por causa do que passou. Há objetivos que você ainda se apega, mesmo sabendo que não se encaixam ou não lhe servem mais? Seja honesto com seu novo eu. Reconheça as diferenças fundamentais em suas circunstâncias causadas pelo trauma. Permita que o que aprendeu o mude, mesmo se isso significa se libertar de coisas que antes você valorizava. Confie que se libertando dessas coisas você está abrindo espaço para alegrias novas e inesperadas que virão, que podem parecer tão estranhas e improváveis para você como correr a maratona com minha filha foi para mim. No fim das contas, eu tive que carregar Caitlin de cavalinho até o carro depois da fracassada corrida do Dia de Ação de Graças.

Alguns dos objetivos, relacionamentos e sonhos que você se libertou podem voltar de uma nova forma, de maneiras que nunca sonharia. Minha maratona foi na hora certa. Em 2015, toda versão de mim foi preenchida de orgulho quando cruzei aquela linha de chegada na companhia da minha menina. Juntas, mãe e filha se tornaram mulheres que podiam correr uma maratona.

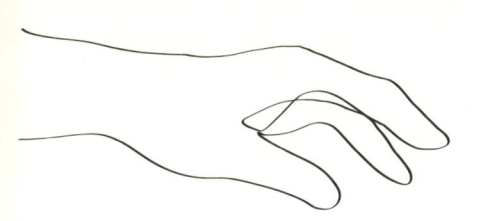

Abraçando o Novo Você

Nem sempre tive orgulho de todas as minhas versões. Por um longo tempo, eu desprezei muito a versão que nasceu no dia que Phil morreu. Meu descaso era baseado no fato de que esse eu estava ligada a um trauma que mudou a minha vida e me levou aos pontapés e gritos em uma direção que eu não queria ir. Eu culpava essa versão por todo o mal que se seguiu à morte de Phil. Cada novo desafio que eu tinha de enfrentar era, de alguma forma, culpa dela. Toda vez que ela não conseguia preencher as expectativas das pessoas ao meu redor, eu imaginava o quanto meu eu anterior se sairia melhor. Seu nascimento foi inexoravelmente ligado ao momento mais doloroso da minha vida, e eu não conseguia separar quem eu estava me tornando devido ao trauma que tinha causado essas mudanças e forçado a me adaptar.

A ironia do meu autodesprezo era que esse novo eu tinha realizado muita coisa: trabalhei em dois empregos enquanto criava três adolescentes sozinha, viajei os Estados Unidos nos finais de semana entrevistando pessoas viúvas sobre suas experiências de luto, fundei uma organização que forneceria um programa para milhões de outras pessoas viúvas e mantive as conexões inspiradoras de familiares e amigos que exigiam a capacidade de sair de mim mesma em serviço aos outros. No entanto, na época, eu teria dado qualquer coisa para ter meu eu antigo de volta — o "bom".

Nenhuma conquista teria sido o suficiente para me convencer do valor do meu novo eu. Eu tinha que ficar demonstrando para mim mesma repetidas vezes que eu ainda era capaz e merecia a autoaceitação. Elogios e reconhecimento dos outros não importavam. Presumia que as pessoas ao meu redor eram tendenciosas. Se eles soubessem, de fato, o quão significativamente o novo eu era diferente do antigo eu, eles não iam gostar dessa versão também. Eu era um produto danificado, e só estava fazendo o melhor do que restou da pessoa que eu era antes.

Por fim, o menosprezo por essa pessoa que eu estava me tornando só deixou a cura muito mais difícil e a superação disso foi um dos meus maiores desafios. Criar uma vida nova e significativa não é possível se nos odiamos. Precisamos cultivar o amor-próprio e a autoaceitação. Ver a nós mesmos como apenas "bom" não facilitará a cura. Temos de respeitar a pessoa que sobreviveu à experiência traumática de mudança de vida. Temos de celebrar essa pessoa. Sentir-se impressionado por ela. Tratá-la como uma estrela do rock. Temos de reconhecer que uma nova pessoa nasceu do trauma e que ela vivenciou dor e dificuldades extremas. Aceitar e acolher nosso novo eu faz parte de como integramos o caos e a dor a que sobrevivemos para construir uma nova e gratificante vida.

Até respeitarmos o novo eu pós-trauma, nossas realizações não nos importará. Elogios não importarão. Opiniões de outras pessoas não importarão. Se não abraçarmos o novo eu que nasceu do trauma, não importará se ou quando os outros nos abraçarão. As pessoas podem confirmar nossa importância e valor, podem nos inundar com amor e admiração por termos sobrevivido e nos adaptado ao que vivenciamos, mas se não reconhecermos nosso valor, se rejeitarmos essa mensagem vigorosa, então dispensaremos a ajuda e o incentivo que as outras pessoas estão oferecendo.

Afirmações para Seu Novo Você

Você se esforça para respeitar e abraçar a si mesmo — principalmente o novo você que ficou abalado e mudado pelo trauma? Em caso afirmativo, comece por reconhecer sua sobrevivência. Cada passo adiante que deu desde o evento foi dado por você. Você caminhou sobre carvão em brasa na experiência de mudança de vida e saiu do outro lado. Sim, você tem cicatrizes. Sim, você está diferente de algumas formas. Sim, você vê o mundo por outra perspectiva. Mas você tem mantido sua vida coesa apesar do que passou. Você tem persistido contra todas as probabilidades.

Seu Novo Você é um Guerreiro

Seu novo eu nasceu em angústia e agonia. No início, logo depois do evento doloroso, toda sua energia foi consumida para enfrentar o que aconteceu e suas consequências. Ao longo do caminho, quando se deparou com os desafios diários que teria de enfrentar, você aprendeu habilidades necessárias de sobrevivência que sempre ficarão com você. Você teve que ser guerreiro para chegar tão longe.

Seu Novo Você Tem Pontos Fortes Diferentes

É importante reconhecer que quem você é logo após o trauma não é quem se tornará ao se curar dos impactos físicos, emocionais e psicológicos do que aconteceu. Seu novo você será mais do que um conjunto de respostas ao trauma. À medida que sua recuperação continua, a dor, o medo, a exaustão e a luta, no final, diminuirão — não tudo de uma vez, e não em uma progressão linear, mas com o tempo — os novos pontos fortes e ferramentas que desenvolveu poderão ser usados para estruturar uma vida nova e positiva.

Seu Novo Você Tem Potencial Infinito

É importante reconhecer que a sobrevivência e a cura são escolhas. No sentido de prosperar, acessando o potencial do novo você, é preciso que dê permissão a si mesmo para isso e continue fazendo essa escolha. Somente aceitando, de fato, a nova pessoa que se tornou, você conseguirá desenvolver autoestima e autoconfiança para se envolver com a vida e as pessoas que ama, favorecendo os relacionamentos que lhe enchem a alma. Até que se ame por inteiro, você não poderá experimentar plenamente o amor dos outros.

Após a Autoaceitação Vem a Integração

Depois de chegarmos tão longe em nossa recuperação — para que aceitemos e abracemos a nossa nova versão — estamos prontos para entrar de cabeça na integração. Ou seja, voltarmos os olhos para o que é possível e usar tudo o que somos e o que nos tornamos para remodelar nossas vidas a fim de que se encaixem na nova versão. Para chegar a esse ponto, é preciso cumprir todas as etapas que discutimos neste livro até aqui.

Para começar, temos de reconhecer que nós fomos mudados por uma experiência traumática e precisamos de tempo para lamentar a pessoa que fomos. Temos de fazer um inventário do que não serve mais para nosso novo eu, identificar as pessoas nas quais podemos confiar e precisamos para nos ouvir, dentro de nossa rede de apoio. Precisamos de tempo para conhecer nosso novo eu, testando e examinando nossas preferências e prioridades anteriores. Isso significa escolher o crescimento e nos dar permissão para mudar e sonhar de novo. Com o tempo, essas etapas nos permitem compreender como uma experiência traumática nos impactou, o que nos ensinou e como devemos nos adaptar, crescer e evoluir dali para frente. Esse árduo trabalho envolve entrelaçar a tragédia que experimentamos com nossa vida diária em inúmeros aspectos, importantes ou insignificantes. Talvez queiramos esquecer que a tragédia aconteceu, mas já que isso não é possível, nem saudável, temos de encontrar maneiras de curar nossa dor, enquanto nos ajustamos às novas realidades que agora enfrentamos. Quando, enfim, nos permitirmos libertar-nos da dor e abraçar nosso novo eu, daremos ao nosso coração espaço para algo além de angústia para crescer.

Daremos espaço para os frutos da integração.

Durante a integração, uma das surpresas que descobrimos é que nosso antigo eu não desapareceu. Embora não possamos mais viver a vida que tínhamos antes, não somos duas pessoas. Temos acesso a tudo que conhecíamos antes, a todos os nossos talentos e habilidades anteriores. Todas as nossas experiências antigas existem dentro de nós, em nossas células, e a integração utiliza tudo o que vivenciamos para expandir nossa identidade e evoluir a uma nova versão de nós mesmos. Após o trauma, não nos tornamos menos, temos a chance de nos tornarmos mais.

Ao aceitar o novo eu que emerge após cada desafio que superamos, nossas ferramentas de enfrentamento, estratégia de cura e senso de resiliência crescem exponencialmente. Isso nos permite criar uma vida ainda mais significativa, uma com mais do que considerarmos ser importante para nós — mais gentileza, mais compaixão, mais ponderação, mais coragem para assumir riscos, mais consciência da brevidade da vida. Não há "menos isso" se escolhermos abraçar nosso novo eu, porque assim aceitamos e respeitamos tudo o que somos.

Evoluir para um novo eu não é como crescer e ter que doar ou jogar fora uma blusa velha que ficou pequena. Ao contrário, temos que entrelaçar as fibras velhas com fio novo para fazer uma blusa nova que nos sirva melhor. Dessa forma, mantemos a integridade de nosso eu inteira, enquanto acrescentamos cor e textura, experiência por experiência.

A integração não está isenta de desafios. Por exemplo, só porque acolhemos e abraçamos essas mudanças em nós, não significa que as pessoas farão o mesmo. Algumas podem se assustar ou se entristecer com nosso novo eu e ansiar pela versão antiga, a que eles sentem falta ou se sentem mais confortáveis. Parte do trabalho de integração é aprendermos a ter orgulho de nossa nova identidade, sem nos importar com a reação dos outros.

Afinal, a única opinião que importa é a sua. No final de cada dia, é preciso gostar da pessoa que você vê refletida no espelho. Seja o que for que essa pessoa passou, ela merece amor e respeito por trazê-lo tão longe.

Cada versão de sua vida mantém dons singulares e pela integração você pode mantê-los. É você quem faz a escolha.

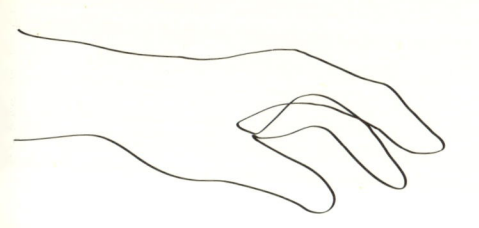

Tomar Posse

Deixe-os Ver Você Ascender

A lenda da fênix descreve uma ave espetacularmente linda, que possui um ciclo regular de morte e renascimento. Isso é a metáfora perfeita de viver um trauma. Os eventos trágicos causam a morte de uma versão de nós mesmos, e, a partir das cinzas de nossa vida anterior, nasce um novo eu rico em possibilidades. Assumir nosso potencial duramente conquistado, ressurgir das cinzas de uma vida e abrir nosso coração para o próximo é um ato de coragem audaciosa.

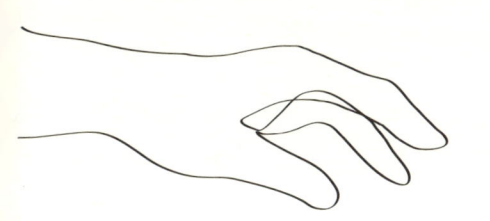

Capítulo 23

Quando Você Fica Melhor Depois

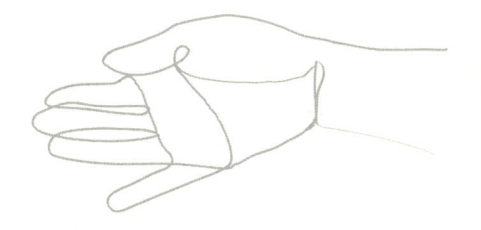

Viver uma experiência traumática, em geral, muda nossa perspectiva de forma que nos torna melhores parceiros, funcionários, líderes, membros de família e, por fim, pessoas melhores.

Essa verdade pode ser perturbadora. Muitas pessoas lutam para aceitar qualquer coisa positiva que tenha nascido de suas experiências. Eu resisti a isso no início, acredito que a dificuldade surge do fato de que não queremos reconhecer qualquer resultado positivo de uma tragédia, que pode parecer aprovação ou aceitação tácita do próprio trauma.

A história que conto sobre a compra do Mini Cooper depois da morte de Phil (veja no Capítulo 12) é um excelente exemplo. O fato de o carro estar associado à morte de Phil roubou qualquer alegria da compra. Por mais ridículo que pareça, eu não queria que ninguém presumisse que eu preferia um carro esporte do que meu marido. Toda vez que alguém elogiava o carro, eu garantia que nem gostava muito dele. Na verdade, quase sempre, eu dirigia nosso velho Explorer só para evitar qualquer conversa sobre o novo carro esporte vermelho. A animação das pessoas sempre ativava meu medo de que por mostrar entusiasmo sobre a compra, eu poderia estar dando a ideia de que, mesmo com a morte do meu marido, eu estava feliz. Eu não queria que ninguém pensasse que nem sequer uma parte da minha vida tinha melhorado com a morte do Phil. Nada de bom poderia estar associado com o acidente que o matou.

Essa mesma dinâmica pode surgir se alguém recebe um generoso seguro de vida ou quitação de dívidas depois de uma experiência trágica. Ele pode lutar com o fato de que a tragédia foi seguida de abundância e de perguntas, comentários e suposições dos outros, que podem falar, explícita ou implicitamente, que a tragédia de alguém não deve ter sido tão ruim, ou talvez até tenha valido a pena, se sua receita aumentou.

Se aceitamos a ideia de que experiências positivas, mudanças de vida ou as mudanças de perspectiva que ocorrem pós-trauma são erradas, inadequadas ou sinalizam aprovação da tragédia, nossa reação natural é rejeitar todos esses legados por uma questão de princípios. Aceitar uma recompensa do trauma pode parecer como aceitar uma maçã da rainha má da história da Branca de Neve. A recompensa pode parecer contaminada ou suja.

Essa é uma falsa narrativa. Se algo bom surgir depois dele, não importa, eventos trágicos permanecem trágicos. Isso é sobretudo verdadeiro quando, por causa de nossas experiências, aprendemos a enfrentar e sobreviver de novas maneiras que melhoram nossas vidas. Conforme aprendi, rejeitar qualquer satisfação ou alegria que pudesse ter com meu carro novo não teve o efeito que eu esperava. Não importava o que tinha feito ou deixado de fazer, isso não mudava as opiniões dos outros. As pessoas pensariam o que quisessem sobre como estava levando minha vida após o trauma quer eu ficasse acordada a noite toda preocupada ou não. A única pessoa magoada pela recusa em desfrutar alguma coisa, inclusive meu carro novo, há muito esperado, era eu.

Contudo, eu estava tão ocupada garantindo que ninguém pensasse que eu poderia ser feliz de novo — a fim de provar meu eterno amor por Phil — que eu rejeitava qualquer satisfação ou alegria que vivencia-va. Escolhe a dor em vez de alegria por medo que fosse errado que a morte de Phil resultasse em qualquer impacto positivo em minha vida.

Como este livro mostra, sobreviver a um trauma, em geral, conduz ao crescimento pessoal, mas isso pode ser difícil de aceitar ou assumir. Não pedimos para mudar e, durante nosso renascimento como resulta-do de uma experiência trágica, podemos não estar dispostos a aceitar que a cura e a recuperação nos tenham tornado uma versão mais forte e resiliente de nós mesmos. Podemos hesitar em celebrar esse cresci-mento, visto que as mudanças estão enraizadas no trauma e na dor. Podemos lutar para reconciliar o bom com o ruim.

Nossa disposição em aceitar os ganhos que emergem do trauma de-pende da história que contamos. Não apenas para os outros, mas para nós mesmos. Qual narrativa adotará?

Você pode escolher ver a evolução como uma reflexão triunfante de resiliência, coragem e sobrevivência. Você pode apresentar sua vida como uma história de redenção diante de desafios extremos. Ou pode contar um conto trágico no qual a recuperação é impossível. Nessa narrativa, respeitar a dor da perda e as feridas que sofreu significa rejei-tar qualquer bem, graça ou benefício.

Após a morte de Phil, escolhi a segunda narrativa. Reescrever essa história se tornou parte de minha cura. Precisei aprender por mim mes-ma que rejeitar a felicidade não mudaria a dor que sentia todos os dias. Eu também precisava descobrir por tentativa e erro que viver a vida para agradar os outros era fútil. Eu não podia influenciar ou controlar como os outros reagiriam ao que eu fizesse. No final, descobri que vi-ver um enredo trágico apenas sustentava meu trauma e limitava minha habilidade de me curar.

Além disso, não importava o que eu fizesse, Phil permaneceria morto e não voltaria mais. Esse fato jamais mudaria e sempre faria parte de mim. Minha vida não estava voltando a ser como era antes e percebi que, em vez de me segurar na dor do luto, precisava me concentrar no crescimento, recuperação e reconstrução de uma vida feliz.

Você escolherá aceitar apenas as partes ruins de sua experiência ou abrirá espaço em seu coração para experiências positivas?

Sou uma pessoa melhor hoje do que era no dia em que Phil morreu. Sou uma esposa melhor para Michael, por causa das lições que aprendi com a morte de Phil. Sou melhor mãe, amiga, irmã e filha — não por causa do trauma, mas porque permiti que o trauma me mudasse. Aprendi a aceitar os presentes inesperados que a evolução pelo trauma trouxe e até aprendi a celebrá-los.

Eu comemoro as bênçãos que recebi com a morte do meu lindo marido, porque rejeitar o bem não o trará de volta. Rejeitar as ferramentas que desenvolvi e as características que descobri não mudará os traumas que são parte da minha história. Escolher a dor em vez da alegria não diminuirá minha angústia. Ao contrário, ao tomar posse da história como um todo, eu consolido meu amor por Phil no futuro que estou construindo. A integração me permite continuar a história de Phil, nossa história, minha história sem interrupção.

Você é a única pessoa que pode decidir se rejeitará ou celebrará as consequências benéficas que trabalhou tanto para descobrir. Ser uma pessoa melhor depois do que sobreviveu é um testamento para cada versão de você — cada uma mais bonita e triunfante do que a última.

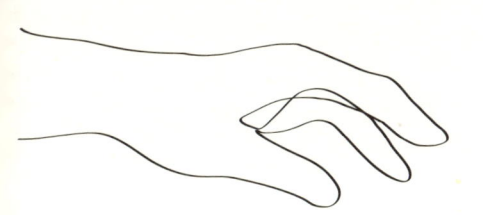

Capítulo 24

Assuma sua Fênix

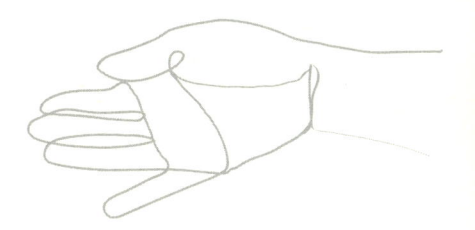

A redescoberta é um trabalho árduo. A sua personalidade, suas experiências de vida, o passado e o presente, todos desempenham um papel em como, quando e se você acolherá seu novo eu na vida que está levando hoje. Todo mundo vivenciará e integrará essas etapas de sua própria maneira. As oportunidades que esse novo eu apresenta devem ser aceitas, mas não de maneira forçada ou precipitada. Não importa quanto tempo leve. Dê a si mesmo o espaço que precisar.

Você, em sua glória imperfeita, é a parte mais importante desse processo. Mais ninguém pode livrá-lo do luto, do trauma ou do medo. Você é quem pode e deve dar os passos para reivindicar e valorizar o novo eu nascido da tragédia.

Preste atenção na sua versão atual — nesse eu influenciado pelo trauma. Ela é como um marco em uma trilha que aponta para a direção correta. Essa versão é como uma companhia que tem caminhado com você todos os dias — administrando sua vida, lidando com problemas inesperados, carregando seus livros, lavando suas roupas, mantendo-o seguro e secretamente esperando ser vista pela única pessoa cuja opinião de fato importa — a sua.

Esse é o caminho da autoaceitação, e ninguém pode percorrê-lo, exceto você. Haverá obstáculos ao longo do caminho. Por vezes, você desejará retornar à sua versão antiga. Algumas vezes, os outros podem desejar que você seja mais como a sua versão antiga. Tudo bem. Todos, inclusive você, precisam de tempo para se adaptarem a essa sua nova versão.

Porque você sabe que não pode voltar à vida que viveu ou à pessoa que era antes.

Barreiras, desvios e enganos pelo caminho fazem parte de toda jornada. Não se culpe se acabou em um beco sem saída. Faça o retorno e pegue uma nova direção.

Dia a dia, você terá novas chances de se envolver na integração e descobrir a inspiração. Planejar uma vida que você não quer pode parecer sem sentido, mas, se continuar se esforçando a valorizar seu novo eu e acessar as ferramentas que adquiriu com a sobrevivência, estruturar uma vida significativa começa a ser importante. Um dia, você olhará em seus olhos e gostará do que vê, e então, planejar seu futuro pode até se tornar divertido. Eu lhe garanto.

A nova vida que construí para mim é bem diferente da que eu vivi com Phil. Corro menos, durmo mais. Passo mais tempo com amigos. Faço palestras sobre experiências que meu antigo eu não viveu. Vejo o mundo através de lentes multifacetadas. Meu marido é diferente, minha casa e minha situação familiar são diferentes. Sou feliz e sinto orgulho da vida que construí. Tão importante quanto isso é que não sinto mais vergonha de ser feliz. Não acredito mais na narrativa que a falta de alegria é a única forma de respeitar e validar minha dor e o trauma.

A beleza da integração é que ela envolve toda a nossa vida. Nenhuma versão é perdida. A integração nos ajuda a entrelaçar tudo o que fomos com nossos eus atuais — física, emocional e mentalmente. Nenhuma parte é deixada para trás, esquecida ou descartada. Nós acolhemos todas as habilidades e perspectivas que desenvolvemos ao longo de nossas vidas — inclusive o que aprendemos e como fomos mudados pelo trauma.

À medida que ganhar coragem e confiança para reivindicar a pessoa que se tornou, seu desejo de viver de verdade surgirá. Responder o chamado para incorporar uma nova vida exige coragem — precisamente porque você sabe que sua nova vida poderia desabar a qualquer momento. Por ter vivenciado um trauma pelo menos uma vez, você sabe que é possível, até mesmo provável, acontecer de novo. Mas também sabe que, tendo sobrevivido a um trauma uma vez, você pode sobreviver de novo. Na vida, o bom e o ruim sempre vêm lado a lado. Dor e alegria, tristeza e amor, vida e morte — não conhecemos um sem o outro. A alegria é o lado oposto da dor — por isso que, quando evitamos a dor a todo custo, o preço é, em geral, nossa felicidade, alegria e contentamento. Permita-se desfrutar do bem, e saiba que as habilidades que conquistou e as lições que aprendeu o ajudarão com qualquer desafio que encontrar adiante. Você pode confiar em você no futuro.

À medida que buscar a integração em sua vida e seguir o processo deste livro, tente não julgar seus esforços ou se prender a padrões impossíveis. Por favor, trate a si mesmo com a mesma gentileza que trataria seu melhor amigo. Faça o possível para ser benevolente consigo mesmo, enquanto processa o trauma. Tente reconhecer as dificuldades que já superou.

Você é capaz de sentir empatia, compaixão e amor pelo seu novo eu? É capaz de acolher as mudanças que a experiência traumática lhe causou? Está pronto para se libertar da dor e usar as ferramentas e os pontos fortes conquistados ao sobreviver à tragédia para reconstruir sua vida?

Espero que ler este livro o ajude a compreender, admirar e valorizar seu novo eu. Espero que o ajude a fazer sua nova versão real. Espero que o ajude a aceitar a tragédia como parte da cura, em vez de rejeitar a experiência ou fingir que ela não o mudou. Espero que esteja pronto para se libertar da dor e traçar um novo rumo para o futuro que respeite e valorize o passado, acolha a pessoa que você é hoje e aceite a possibilidade da evolução pessoal contínua.

E se você não se sentir pronto? E se não conseguir valorizar seu novo eu? E se você ainda pedir de volta, todos os dias, a vida que costumava ter?

Tudo bem.

Se você estiver lutando para aceitar uma nova versão de si mesmo depois de um trauma, lembre-se que a cura não é um processo linear. Você pode sentir o progresso parado ou irregular, alguns dias serão melhores que outros. Quando sentir-se preso, revisite as sete etapas do processo deste livro. *Diferente Depois de Você* foi escrito para ser revisitado como um guia para a cura. Conforme o reler, observe quais seções ou qual material parece ser o mais desafiador e se concentre nele. Talvez tenha mais trabalho a fazer lamentando a vida, a versão de você que perdeu. O processo de se redescobrir está em andamento, sem linha de chegada, e a cura não segue um cronograma.

Não faz mal precisar de mais tempo.

Talvez você esteja se sentindo pressionado e lutando para se curar mais rápido? Se estiver precisando de ajuda, use essas afirmações para cuidar do seu eu de cura.

Se sentir-se incapaz de amar sua versão nascida do trauma, dê carinho a si mesmo.

Se não for capaz de se libertar de sua angústia diária, dê conforto a si mesmo.

Se preferir esquecer sua experiência traumática a reviver o momento, mostre empatia por si mesmo.

Se não consegue parar de ansiar pelo retorno à vida que costumava ter, tenha paciência consigo mesmo.

Se não consegue esquecer o que vê como fracassos — reais ou imaginários — seja misericordioso consigo mesmo.

Se estiver com muito medo das angústias do futuro e por isso não está disposto a assumir nenhum risco, seja bondoso consigo mesmo.

Se está preso pelo trauma, seja compassivo consigo mesmo.

Após uma experiência traumática, todos nós desejamos carinho, consolo, empatia, paciência, misericórdia, bondade e compaixão. Você tem o poder de oferecer ou reter esses presentes para si mesmo. O que precisa para florescer é *você* respeitar seus esforços — que inclui o necessário para chegar tão longe. Dê a si mesmo reconhecimento, respeito, compaixão e dedicação.

Após anos pensando que meu novo eu era inferior à pessoa que eu fui antes da morte de Phil, finalmente percebi que não teria sobrevivido se essa pessoa "inferior" tivesse desistido. Mas ela nunca desistiu. Ela continuava aparecendo, por mais difíceis que fossem os desafios ou por mais vezes que a rejeitasse e a menosprezasse, enquanto eu lutava pela vida que costumava ter. A passos dolorosos, ela me arrastou (às vezes chutando e gritando) para o futuro e construiu a vida que tenho hoje.

À medida que trabalhei para curar meu coração, comecei a compreender o valor de quem estava me tornando. Conforme me sentia mais confortável comigo mesma, ficava menos interessada em me encaixar na antiga pele, até que, por fim, parei de resistir. Quando reconheci a força e o poder que conquistei com minhas experiências, mais eu quis compartilhar com as pessoas como sobreviver à morte de Phil me mudou. Quando me senti plenamente capaz de reivindicar a minha versão moldada e refinada pelo trauma, comecei a traçar meu próprio percurso com confiança.

Seu futuro está em suas mãos, mas não se preocupe. Sua versão atual pode ser confiável para construir uma vida significativa só para você.

O Nascimento de Sua Nova Vida

Há anos, eu estava em um evento do Camp Widow em San Diego junto a centenas de outras pessoas viúvas em uma linda noite de verão. Depois de um dia cheio de desenvolvimento da comunidade, estávamos relaxando e nos divertindo em uma recepção externa, quando fui abordada por uma participante, em seu retorno, que descobriu que a pintura fazia parte de sua nova versão, que surgiu quando ela processou uma combinação de traumas em sua vida, inclusive a morte repentina do marido.

Ela carregava um enorme pacote ao caminhar em minha direção, mas o sorriso em seu rosto é o que eu mais me recordo. Essa alma corajosa me falou, entregando o pacote, que tinha um presente para mim. Tirei o papel pardo de um grande quadro de tela e revelei uma impressionante representação de uma brilhante e colorida fênix, um pássaro místico que, de acordo com o folclore grego, morre e renasce em um eterno padrão cíclico.

O que me impressionou de imediato foi a ousadia do presente e da imagem. Tudo nessa representação de um pássaro renascendo das cinzas de um eu anterior expressa poder e coragem. O renascimento não é chato. A sua versão que nasceu do trauma pode ser linda e ousada. Não há nada "inferior" quando uma fênix transcendente ressurge das cinzas do passado.

Esse presente singular também foi ousado pela forma que representa a mulher assumindo seu novo eu — uma pintora autodidata me oferecendo uma peça da sua mais nova atividade em um esforço para expressar não apenas sua gratidão, mas também seu crescimento. Sua coragem era inspiradora e sua obra uma expressão perfeita do que acontece quando reivindicamos nossa força pessoal depois de sobreviver um trauma significativo.

Os sobreviventes de traumas são a personificação do conceito de que o renascimento pode seguir-se à morte. A experiência que encerra uma versão de nossas vidas também origina uma nova vida. Assumir nossa fênix é um grito de batalha que diz: "Esse trauma não me matou! Esse trauma me tornou o que sou hoje." Ousadia, poder, beleza, coragem — eles podem ser os presentes da regeneração; os presentes que ressurgem das cinzas do que foi e se tornam o que é.

Sobreviver a uma experiência de mudança de vida é uma realização. Ponto final.

Você conseguiu. Sobreviveu. E ainda está de pé.

Sua presença neste momento confirma sua sobrevivência, mesmo que a vida que esteja vivendo agora não seja a que considera a melhor. Estar do outro lado de algo horrível vale a pena reconhecer e respeitar. Você chegou até aqui.

Vivenciar um trauma não é algo que alguém escolha, mas temos sim a escolha sobre como viveremos com o que aconteceu. A direção que seu futuro toma é você quem determina. Haverá momentos em que a responsabilidade de moldar a vida pós-trauma será muito grande. Outras vezes, a liberdade de escolha será estimulante. Para planejar uma vida que reflita seus valores, necessidades e desejos atuais, apoie-se em todos os sentimentos que o assustam, bem como aqueles que o elevam. Precisamos dos dois, embasamento e elevação para prosperar. Quando escolher incorporar seu novo eu e assumir o poder que foi criado pela sua sobrevivência, você descobrirá que sua alma não consegue deixar de cantar.

Desde que fundei a *Soaring Spirits International*, amigos e desconhecidos atribuíram um propósito à morte de Phil indicando a transformação que experimentei no final. Pessoas bem-intencionadas me garantiram que a morte de Phil não foi em vão, pois consegui transformar minha tragédia em algo positivo. A mensagem predominante é que o bem que resultou do acidente de Phil torna sua morte uma coisa boa.

Não. Não — todo esse bem não torna a morte de Phil uma coisa boa. Dar sentido ao sofrimento não fornece valor ao trauma, fornece valor à vida. Sua vida. E, se o mundo tiver sorte, sua coragem pode também tornar o mundo um lugar melhor. Não porque você sofreu, mas porque permitiu que o sofrimento o refizesse.

Toda vez que integramos uma nova experiência em nossas vidas, seremos apresentados a algo novo sobre o eu que está evoluindo por meio do trauma. Haverá detalhes a descobrir conforme conhecemos a versão que nasceu por meio desse desafio. À medida que formos permitindo o passado a fundamentar o presente e influenciar o futuro, seremos apresentados repetidamente a novas versões de nós mesmos. Uma versão se desdobra na próxima, várias vezes, ao longo de nossas vidas.

A estrutura de nossas vidas é criada por meio das experiências que vivemos e das descobertas que fazemos ao longo do caminho. Assim como a moda, alguns modelos retornarão nas versões do futuro — portanto, guardem aí suas calças bocas de sino.

As coisas que libertamos podem voltar para nós de outra forma. Sonhos, objetivos, preferências e prioridades podem mudar, se estivermos dispostos a continuar a fazer um inventário de nossas vidas e garantir que as prioridades ainda estão alinhadas com nossos valores atuais.

Um dia, outro trauma surgirá em nossas vidas e exigirá que desenterremos nosso passado para acessar as ferramentas que guardamos para sobrevivermos a outra tragédia. Quando esse dia chegar, o processo de redescobrimento começará de novo.

A cada vez, sabemos mais do que antes. A cada vez, saberemos que temos a chave para passar pelas experiências traumáticas que mudam nossas vidas. A cada vez, podemos nos apoiar no passado para nos ajudar não apenas a sobreviver ao que for que o presente nos reserve, mas também a moldar um futuro significativo. A integração nos dá esse poder. A cada vez, compreendemos que o trauma trará mudanças, mas elas não terão a capacidade de determinar a qualidade de nossas vidas.

Nosso trabalho contínuo é nos dispor a nos assumir à medida que evoluímos.

Ao fazer isso, fale com a voz que descobriu após viver por um tempo sem palavras. Sinta com o coração que pensou que estava irreparavelmente destroçado. Incorpore a versão de si mesmo que não desistiu de você e o levou a todos os desafios que o trouxeram até aqui. Caminhe com a nova pele e desfrute de seu brilho! Enfeite-se, erga a cabeça e desfile com orgulho quando sair com seu novo eu. Deixe as pessoas saberem que este é você. Assuma as mudanças que criaram a pessoa que você é hoje. Seja você mesmo sem remorso, confie no valor do que sabe e em quem se tornou.

Só é preciso escolher. Depois aja. Depois resista — e continue resistindo até que resistir não seja mais tão difícil. Essa afirmação parece simples, mas simples e fácil não são a mesma coisa. O trabalho de cura e integração do trauma nunca é fácil, embora o objetivo seja simples: aceitar uma experiência de mudança de vida, aceitar as mudanças resultantes e incorporar plenamente a nova vida que construímos das cinzas.

Reivindique esse poder, assuma seu novo eu e deixe o mundo ver você ressurgir.

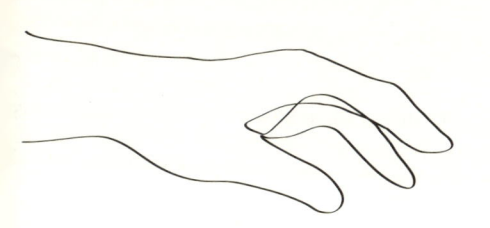

Posfácio

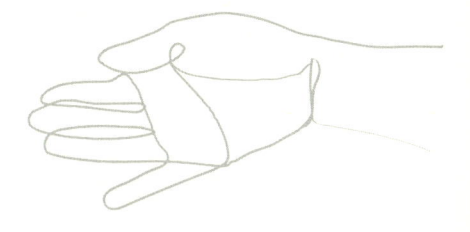

Comecei a escrever este livro quinze anos atrás. Embora eu tenha ficado meio chocada por tê-lo feito de fato, há uma pessoa que não ficou nem um pouco surpresa: meu pai.

Entrei na vida de Dan Neff quando ele tinha 20 anos — fui uma surpresa.

Toda lembrança que tenho de meu pai é de ele apoiando meus objetivos. Durante o ensino fundamental I, ele construiu carros alegóricos nos quais a família toda andava durante a parada de outono da escola, a Troth Street. Ao longo dos anos, ele criou uma variedade de cenários e adereços para as performances de teatro musical, dirigidos por minha mãe e que acontecia no nosso quintal. Meu pai se destacou em inúmeras peças da escola e cerimônias de premiação para que eu soubesse que ele estava lá.

Quando estava no ensino médio, minha equipe de torcida teve que criar suas próprias caixas de madeira para fornecer uma plataforma elevada para nossas apresentações. Quando vários dos meus companheiros de equipe disseram que não tinham ninguém para ajudá-los a construir suas caixas, meu pai as fez em tamanho utilizadas em estádios para toda a equipe de torcida.

Por três vezes, ele me levou com orgulho até o altar ao lado do meu noivo — comemorando cada união com alegria. Quando Phil morreu, ele se ofereceu para construir para mim e para as crianças uma casa nos fundos onde ele e minha mãe moram. Quando ele fez a oferta, ele disse: "só quero cuidar de você, fofinha."

Dan Neff sempre acreditou em seus filhos e nos elogiava em qualquer oportunidade. A realização dos objetivos declarados não era considerada crítica. O que importa para meu pai é o que importa para nós. Seu orgulho nunca foi especificamente pela conquista do objetivo, mas na valentia do esforço.

Quando liguei para ele para perguntar sua opinião sobre se deveria tentar escrever um livro ao mesmo tempo que gerenciava uma organização internacional, ele disse: "Fofinha, a pergunta não é se você *pode* escrever um livro; a pergunta é se você *escreverá* um livro. Você consegue fazer tudo o que tem em mente."

A ideia original para este livro chegou a mim apenas quatro meses depois da morte do Phil. Eu estava desesperada para descobrir como era ser viúva, e pensei que outras pessoas viúvas podiam ter as respostas das milhões de perguntas girando no meu cérebro. Durante um ano, eu viajei pelos Estados Unidos aos finais de semana, aparecendo na porta de qualquer pessoa viúva disposta a falar comigo. Consegui entrevistar trinta viúvos sobre suas experiências de luto, acumulando histórias de viagem ridículas e hilárias ao longo do caminho. Meu plano original era usar essas entrevistas como a base do livro que escreveria. A cada passo dessa minha jornada de um ano, meu pai me deu apoio e confirmou sua confiança em mim.

Na época em que completei minha pesquisa, resolvi que restabeleceria meu nome de solteira combinando-o com o sobrenome de Phil, criando o nome de encher os olhos, Michele Neff Hernandez. Não liguei para o tamanho do meu nome. Eu queria ser conhecida pelos nomes que criou a pessoa que sou hoje, e para meu pai ver o nome da nossa família na capa de todo livro que eu publicar.

Embora eu não tivesse nenhuma experiência em escrever uma proposta de livro ou em encontrar um agente, de alguma forma, consegui fazer os dois, só para depois ser esmagada quando ninguém do mundo editorial mostrou interesse em meu livro. No entanto, meu pai não tinha dúvidas. Ele achava que os editores eram loucos. Ele permaneceu certo que nosso nome estaria na capa de um livro algum dia.

Meu pai também apoiou meus esforços para criar uma comunidade para pessoas viúvas, o que levou ao Camp Widow e a Soaring Spirits. Ele e minha mãe foram voluntários nos primeiros fins de semana do Camp Widow, e durante anos também nos percursos de 5km em nossos eventos. Meu pai fazia adereços para meus principais discursos e sentava-se na primeira fila toda vez que eu estava no palco falando — normalmente virando-se para as pessoas viúvas perto dele e com orgulho informava que "a senhora ali em cima" era filha dele.

Então, em 2018, ele foi diagnosticado com linfoma. Sete meses de tratamento foram seguidos por uma milagrosa remissão, propiciando que ele comemorasse cinquenta anos de casamento. No entanto, depois de um tempo, sua saúde declinou de forma progressiva e, em novembro de 2020, chegou a hora de parar de tratar suas muitas enfermidades e escolher o conforto dos cuidados hospitalares.

Enquanto isso, continuei a buscar por uma editora para a ideia do livro e, quando recebi o e-mail da New World Library aceitando, eu estava sentada ao lado do meu pai enquanto ele lutava para respirar. Eu li o e-mail em voz alta, enquanto ele se alternava entre me dizer o quão orgulhoso estava de mim e adormecer.

Nunca cuidei de uma pessoa em estado terminal. A vida de Phil terminou em um momento e em sua experiência de morte não houve os altos e baixos diários, que aprendi fazerem parte de morrer lentamente. No entanto, cada parte dolorosa da minha experiência do passado com o luto me forneceu as habilidades para apoiar meus pais e minha família quando precisarmos dizer adeus ao homem cujo amor e apoio nos moldou.

Confiei muito nas habilidades que usei para sobreviver e prosperar depois da morte de Phil. Trabalhar com pessoas de luto me deixou bem confortável com a linguagem em torno da morte. Eu não me encolho diante de verdades difíceis. Estou aberta a conversas difíceis sobre o fim da vida. Isso tudo é conhecimento que obtive por meio do trauma. A pessoa que eu era antes da morte de Phil não tinha essas habilidades, e não teria a confiança que tenho hoje para caminhar com minha família nesse período.

Dito isso, nem o conhecimento acumulado, nem o conjunto de habilidades desenvolvido deixou mais fácil o fato de que me pai estava morrendo.

Outra lição do passado. O luto deve ser vivenciado; nada pode prepará-lo para o momento que um ente querido falece. Meu pai ainda está vivo, mas eu sei que um novo luto está chegando e terei que evoluir por meio de outro evento de mudança de vida.

O presente da integração é que não tenho medo da evolução à frente, apesar da familiaridade que tenho com a dor que acompanha o adeus terreno. Não consigo imaginar a vida sem meu pai e, francamente, não quero. O que também sei é que ele vive dentro de todas as minhas versões. As lições que ele me ensinou, a forma como ele me amou, a alegria que é tão evidente nele quando eu conquisto um objetivo — isso tudo continuará vivendo dentro de mim. Mesmo quando meu pai não fizer mais parte do meu presente, por meio da integração eu posso abrir espaço para meu pai fazer parte da minha vida para sempre.

Enquanto isso, eu estou focada agora. Meu pai está vivo, planejando um novo corte de cabelo (baixo dos lados e longo em cima, o que está totalmente na moda) e participar de uma experiência de falcoaria, riscando itens de sua lista de desejos, enquanto um falcão voa de seu braço. Estou desfrutando do momento, pois em breve chegará o dia em que desejarei poder informá-lo sobre como está indo meu livro e o que as crianças estão fazendo, e falar para ele o quanto a família que ele ama sente a falta dele.

Este é para você, pai. Eu sempre serei diferente depois de você.

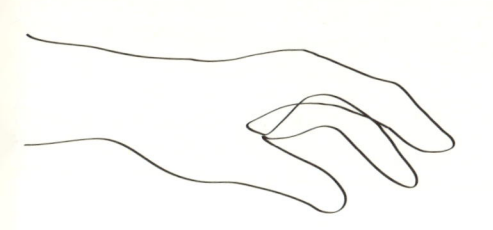

Sobre Soaring Spirits International

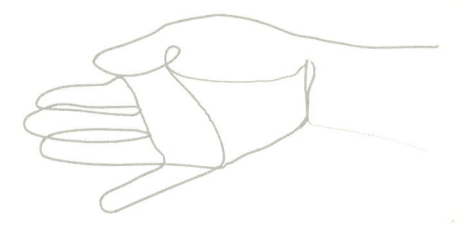

Soaring Spirits International

Soaring Spirits International (soaringspirits.org) é uma organização laica, inclusiva, sem fins lucrativos que oferece eventos, grupo e programas online de afirmação da vida inovadores para qualquer pessoa que tenha sobrevivido ao cônjuge ou parceiro(a). Fundada em maio de 2008, a Soaring Spirits tem incentivado, inspirado e apoiado milhões de pessoas viúvas, e deste então se ramificou com a Soaring Spirits Canadá.

Camp Widow

Camp Widow (campwidow.org) é o programa carro-chefe da Soaring Spirits. Ele oferece eventos com duração de um dia e de finais de semana projetado para promover resiliência, aperfeiçoar habilidades positivas de enfrentamento, construir uma comunidade para pessoas viúvas de todas as idades, gêneros, nacionalidades, orientações e históricos. O Camp Widow é uma combinação única de conferência, retiro e refúgio que assiste às pessoas na reconstrução de suas vidas pós-perda, oferecendo *workshops*, apresentações e cura em grupo, que promove esperança para o futuro.

Centro de Resiliência da Soaring Spirits

Fundado em 2017, o Centro de Resiliência da Soaring Spirits (widowe-dresilience.org) está localizado na Universidade Schreiner em Kerrville, Texas. A proposta do centro é coletar dados relacionados à resiliência e usar essa pesquisa para criar ferramentas práticas e programas relevantes destinados especificamente a fomentar a confiança e a esperança para pessoas que vivenciaram a morte do parceiro(a) de vida. Em essência, o trabalho do centro se concentra em ajudar pessoas que sofreram traumas a focarem suas energias limitadas de forma a promover o crescimento pessoal e ampliar a satisfação de sua vida.

Pesquisas mostram que a integração é um dos maiores indicadores de aumento de resiliência, enfrentamento saudável e desenvolvimento de coragem e otimismo das pessoas viúvas, e o centro está desenvolvendo ferramentas de avaliação que refinam a definição de resiliência no que se refere à viuvez. A primeira ferramenta que está sendo desenvolvida é a Soaring Spirits Widowhood Resilience Scale (a pesquisa foi publicada no *OMEGA Journal of Death and Dying*, em 11 de setembro de 2019). Essa ferramenta de autoavaliação mede a resiliência usando fatores cotidianos como a capacidade de rir regularmente e a de fomentar uma comunidade de apoio como marcadores para medir a cura a partir do trauma e da dor relacionada à morte de um ente querido.

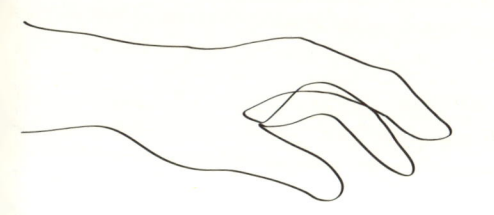

Índice

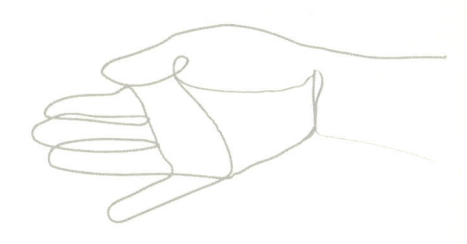

Projetos corporativos e edições personalizadas
dentro da sua estratégia de negócio. Já pensou nisso?

Coordenação de Eventos
Viviane Paiva
viviane@altabooks.com.br

Contato Comercial
vendas.corporativas@altabooks.com.br

A Alta Books tem criado experiências incríveis no meio corporativo. Com a crescente implementação da educação corporativa nas empresas, o livro entra como uma importante fonte de conhecimento. Com atendimento personalizado, conseguimos identificar as principais necessidades, e criar uma seleção de livros que podem ser utilizados de diversas maneiras, como por exemplo, para fortalecer relacionamento com suas equipes/ seus clientes. Você já utilizou o livro para alguma ação estratégica na sua empresa?

Entre em contato com nosso time para entender melhor as possibilidades de personalização e incentivo ao desenvolvimento pessoal e profissional.

PUBLIQUE SEU LIVRO

Publique seu livro com a Alta Books.
Para mais informações envie um e-mail para: autoria@altabooks.com.br

 /altabooks   /alta-books   /altabooks   /altabooks

  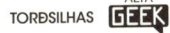

ROTAPLAN
GRÁFICA E EDITORA LTDA
Rua Álvaro Seixas, 165
Engenho Novo - Rio de Janeiro
Tels.: (21) 2201-2089 / 8898
E-mail: rotaplanrio@gmail.com